讀懂論語別止於翻譯！

何歆，趙月
李增明 著

詩書禮樂　以仁為本　中庸之道

從儒家古訓到現代思維，一部經典如何變成你的人生工具書

何謂仁？為何重禮？
忠與恕該如何處理人際關係？
孔子如何看待教育、領導與家庭

經典從未過時，重新理解《論語》智慧

兩千多年前的思想，至今仍照亮我們的人生之路

目錄

目錄

前言

經典名著真的晦澀難懂嗎？其實只要找到一個全新的視角，進行別樣的解讀，閱讀名著也可以很簡單！

經典名著和文學創作自有它的核心邏輯和基本規律，如果我們從日常生活中與名著有關的內容入手，如果我們真正體悟到了名著的內涵和情感，如果我們可以運用名著裡的思維和智慧解決現實問題，那麼，我們就很容易跨越時空，與經典對話。這時我們會發現，名著原來這麼好看！

很多人對閱讀經典名著有畏難情緒，認為名著「難且無用」，缺少主動閱讀的意願。究其原因，一方面，大多數人在學生時期帶著備考的壓力和答對題的目的去讀名著。於是，對《論語》的學習大多集中在翻譯詞句、概括章旨等方面。以考促讀，便使閱讀索然無味。

另一方面，從名著本身的特點來看，《論語》邏輯性不強、趣味性不夠，但是很多章句意蘊深刻，需要解構並重新梳理建構。

閱讀名著本身就是超越時空的活動，是與經典和先賢的一場對話，讀者要對作家、作品、時代有深入的理解和觀照，才能真正地走近經典。

實際上，閱讀名著不僅是為了應對考試，更是為了豐盈精神世界。閱讀名著可以讓人從傳統文化中汲取智慧和力量，幫助人們解決學習和生活中的難題，處理好個人與他者，個人與社會、國家、人類的關係。《論語》裡的人物具有各異的理想才能、品德修養和人生選擇，《論語》裡為人、為學、為政的智慧，至今依然可以幫助我們化解衝突、打破僵局。

本書兼具知識性、科學性和趣味性，將名著情境化、結構化、主題化、審美化。

本書旨在提升讀者的思辨創新、邏輯推理、提出並解決問題等高階思考能力，提高讀者的語文核心素養。同時，在中西方文化碰撞與交融的當下，探尋名著裡的文化因素，感受中華文化的深層結構，更有助於弘揚傳統文化，建立自信。

這本有關名著閱讀的書力求嚴謹，身為編寫者的我們在闡釋概念、解讀思想、剖析意蘊的過程中都經過了深入思考，其中融入了諸多學術成果和前沿觀點。在編寫過程中，我們以與生活關連的問題為導向，以問題解決為目的，以解讀經典名著內涵為路徑，引領讀者走近經典，從而實現「化難為易、深度閱讀」的目的。本書意在為讀者提供一個思維提升的平臺，拓寬讀者的視野。

本書的編寫要感謝很多人，正是大家在閱讀經典名著的過程中敢於提出問題、勇於表達困惑，才激勵我們有勇氣去完成本書。還要感謝為本書的編寫提供素材的專業研究者們，我們只是在他們的基礎上做了一件為讀者化難為簡的事情。需要感謝的人太多，難免遺漏，在此向所有幫助過我們的人表達我們的敬意！由於編者能力有限，書中難免有疏漏之處，敬請讀者不吝指正。

名著是深邃的，這裡有歷史文化、道德哲學、人生智慧……

名著是豐厚的，這裡有生命體驗、審美觀照、家國情懷……

名著原來這麼好看，讓我們翻開書頁一起閱讀吧！

何歆

第一章
讀懂《論語》

《論語》不僅是一本書，也是文化財富。在一場活動中，中外學生共讀《論語》，探討孔子的思想，這不僅是一種學習，更是文化的交流。《論語》的影響力就像經典旋律，無論時代如何變遷，總能觸動人心。

孔子是一位偉大的教育家和思想家，他的教育思想和人格魅力受到了世界各地的尊敬。孔子的思想不僅是寶藏，它還為建構「人類命運共同體」提供了智慧。孔子以「仁」和「禮」為基礎構築的社會理想，與今天我們建構的和諧世界的理念不謀而合。《論語》由孔子的弟子及再傳弟子所編撰，它集中體現了孔子及儒家學派的政治主張、倫理觀念、道德規範和教育原則。這些深邃的思想背後有它的核心邏輯，只有讀懂它的核心邏輯，才能真正讀懂《論語》。

在本章中，首先，我們可以展開想像，如果孔子和蘇格拉底這兩位思想巨星相遇，會擦出怎樣的火花？

其次，我們還會學習《論語》帶給現代青年的成長啟示。

最後，我們會學習孔子被稱為「聖人」的原因。因為他在思想、學問、教育、政治和道德上都有卓越貢獻。他提出的「己欲立而立人，己欲達而達人」、「己所不欲，勿施於人」等思想，不僅影響了中華文化，也影響了全世界。

下面讓我們一起走近孔子，感受孔子的思想光輝吧！

第一節　「論」和「語」是什麼？

名著與生活

近年來，《論語》變得越來越熱門。不僅國內的學生在誦讀《論語》，就連外國的朋友們也加入了這個行列。

在一場活動中，世界各地的留學生們一起，用中英文雙語朗讀《論語》的經典篇章。他們還用雙語交流，探討孔子的思想，讓外國朋友也能親身體會到儒家文化的魅力。

這不僅是一場活動，更是一次文化的交流。《論語》的智慧和魅力已經跨越了國界，成為全球的共同財富。它的影響力，就像那些經典的旋律，無論時間怎麼流逝，總能打動人心，永遠不過時。

所以，下次當你拿起《論語》的時候，不妨也邀請你的朋友們一起讀一讀，感受這份跨越千年的智慧，說不定還能交到來自不同文化背景的新朋友呢！

讓我們一起把這份美好的文化傳承下去吧！

思考與聯想

孔子身為一名偉大的教育家、思想家，在世界各地被很多人尊敬和推崇。美國詩人、哲學家拉爾夫·沃爾多·愛默生（Ralph Waldo Emerson）認為「孔子是諸民族的光榮」。1988 年，澳大利亞《坎培拉時報》（*The Canberra Times*）於 1 月 24 日刊登一篇巴黎發稿，稱「人類如果要在 21 世紀生存下去，就必須回到 2,500 年前，去孔子那裡汲取智慧」。

孔子以及《論語》有如此深遠的文化影響力。你是否了解《論語》一書的由來呢？

究底與尋根

《論語》是孔子的弟子及再傳弟子記錄孔子及其弟子言行的一部語錄文集，成書於戰國前期。全書共 20 篇 492 章，以語錄體為主，敘事體為輔，較為集中地體現了孔子及儒家學派的政治主張、倫理思想、道德觀念、教育原則等。

我們總是提及《論語》，但是你有沒有思考過，「論語」一詞到底是什麼意思？什麼是「論」？什麼是「語」？

關於「論」的讀音和含義，學者們歷來眾說紛紜，下面讓我們簡單了解一下。

「論」來自古「侖」字。按照《說文解字》六書分類，「侖」字屬會意字，是由「亼」和「冊」兩部分構成的。《六書正偽・輯韻》解釋：「亼」是古「集」字，「冊」即「簡冊」。「亼」和「冊」合起來，就是編串在一起的竹簡。「論」字字形的演變如圖 1-2 所示。

論　ㄌㄨㄣˋ來紐、文部；來紐、恩魂、盧困切。
ㄌㄨㄣˊ來紐、文部；來紐、魂韻、盧昆切。

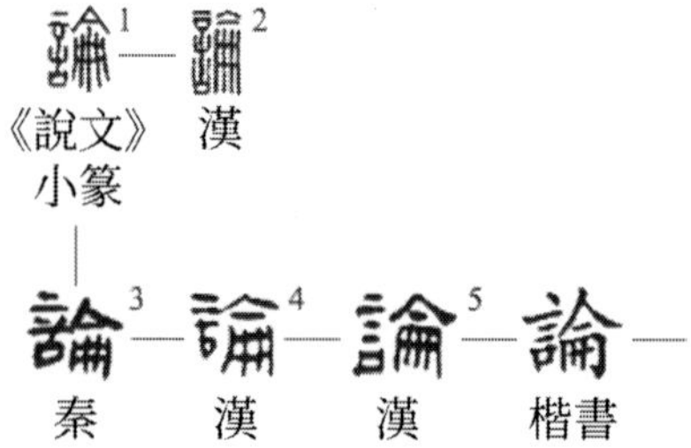

圖 1-2　「論」的演變 [01]

《說文解字》解釋「侖」字：「聚集簡冊，必依其次第，求其文理。」[02] 可見，「侖」就是把眾多的竹簡按一定的次序編在一起的意思，引申為「編輯、編撰、編纂」的意思。

東漢班固《漢書・藝文志》記載：「《論語》者，孔子應答弟子、時人及弟子相與言而接聞於夫子之語也。當時弟子各有所記，夫子既卒，門人相與輯而論纂，故謂之《論語》。」所以，

[01]　李學勤，《字源》。天津：天津古籍出版社，2012：173.
[02]　許慎，《說文解字》(大字本)。北京：中華書局，2013：46.

「論語」二字的意思，就是把接聞於「夫子之語」編輯在一起。

不過東漢劉熙《釋名．釋典藝》卻說：「論，倫也，有倫理也。」以「有倫理也」解釋「論」，指出《論語》的內涵是「事物的條理」。

引漢朝鄭玄的話：「論者，綸也，輪也，理也，次也，撰也。」

邢昺在此基礎上說：「以此書可以經綸世務，故曰綸也；圓轉無窮，故曰輪也……」認為《論語》的內容可以「經綸世務」，所以說是「綸也」；書中的義理「圓轉無窮」，所以說是「輪也」。

另外，按近現代章太炎先生所說，「論者，古但作侖」，則「論」源自「侖」，讀音當與「侖」同。且「論」與「倫」、「綸」、「輪」、「掄」等字都具同源關係。

以上列舉了多種對「論」的解讀，依照劉熙、邢昺、章太炎等人的說法，現在多數人以及工具書都採用了ㄌㄨㄣˊ這個讀音，含義多採用的是「彙編」、「挑選」。至於「語」字，歷來分歧不多，指的是孔子及其弟子的話語。因此「論語」應讀作「ㄌㄨㄣˊ ㄩˇ」。含義就是挑選、彙編孔子及其門人的言行。

拓展與延伸

當我們把目光投向世界時就會發現，自古以來，東西方文明一直在碰撞中交流，在交流中互鑑。德國存在主義哲學家卡爾．雅斯培（Karl Jaspers）曾經在其著作《四大聖哲》（*Die maßgebenden Menschen*）中把蘇格拉底、釋迦牟尼、孔子和耶穌並稱為「四大聖哲」，他們生活在人類的「軸心時代」，對人類文化做出了深刻的理性反思，對世界文明做出了重大貢獻。在「四大聖哲」中，孔子和蘇格拉底分別是東方和西方先賢先哲的代表人物。我們一起展開想像，假如兩位思想家相遇，會擦出怎樣的思想火花？會產生怎樣的智慧碰撞？

下面讓我們從二者都非常重視教育這一點切入，透過比較東西方兩位先哲的教育思想了解他們，走近他們的思想世界。

一、時代背景

孔子生於西元前 551 年。他生活在政權交替更迭的春秋末年，此時繁榮的社會已經走向了尾聲，基於血親倫理的宗法等級制度，天子、諸侯、大夫的統治秩序都已經無法維持，社會陷入了「禮壞樂崩」的境地。

蘇格拉底生於西元前 469 年，他生活在雅典時代末期。雅典時期民主制曾發展到極盛的頂峰，人民安居樂業，社會繁榮穩定。在經濟上，工商業較為發達，奴隸制經濟發展，社會上追求財富的風氣盛行。在政治上，當時的公民大會制度使得雅典公民得到了較好的民主政治訓練，雅典的民主制度蒸蒸日上。但是好景不長，這種民主制度發展到後期變得混亂不堪，出現了無政府主義。

二、教育思想

由於孔子和蘇格拉底有著不同的文化背景和相似的時代背景，二者的教育思想既有相近之處，又有明顯差異。

在教育目的方面，兩位古代思想家都主張透過教育培養德才兼備的治國人才。孔子的教育目的是培養有德有才的志士君子，以服務於社會和國家。他強調「志於道」，認為學習優秀的人可以成為官員，治國理政。孔子所倡導的士的標準是「行己有恥，使於四方，不辱君命」（《論語・子路》）。這體現了他對德行的重視。蘇格拉底的教育目的同樣是培養治國人才，他認為積極參與政治是人的責任。面對當時社會民主制度的混亂，蘇格拉底希望透過教育培養出具有知識和治國才能的領導者。相比個人直接參與政治，他認為培養治國人才更為關鍵。

在教育內容方面，孔子的教育內容以道德教育為核心，提倡學習文化知識和六藝，以培養個人技能。他倡導「弟子入則孝，出則悌，謹而信，泛愛眾，而親仁。行有餘力，則以學文」（《論語・學而》）。強調道德教育的重要性。蘇格拉底的教育內容強調對美德的培養，認為智慧即美德，主張培養智慧、正義、節制、勇敢等品格，並認為知識是道德的基礎。他提出的學習科目包括政治、文法、雄辯術、算術、幾何、音樂和天文學，這些科目都具有實用性。此外，蘇格拉底也重視體育，認為強健的身體是完成任何事業的基礎。

在教育方法方面，孔子和蘇格拉底都採用問答交流的方式。

孔子的教育方法多元化，包括啟發誘導、循循善誘、學思結合、溫故知新和因材施教。蘇格拉底則主要採用「產婆術」，也就是透過詰問、助產、歸納和定義四個步驟進行教學，這種方法步驟明確，詰難方式新穎。

儘管孔子和蘇格拉底的教育思想都帶有他們所處時代的印記，並具有時代局限性，但他們對現代教育的影響是深遠的。他們的思想在教育領域中具有不可磨滅的地位，歷久彌新，對後世產生了重要影響。

第二節　現代人為何仍要讀《論語》？

名著與生活

2023 年的世界讀書日，有媒體釋出了一篇研究文章，其中指出，調查研究了年輕人對熱度標籤的自我認同，以探討閱讀對年輕人的意義。

基於報告可以發現，「佛系」只是嘴上說說而已，「過度競爭」才是當代青年的現狀。如今上班族壓力重重，很多人盲目追求高學歷，卻忽略了能力的提升。當然，現在越來越多的人已經意識到解決問題的能力、學習能力、逆勢應對能力是幫助我們獲得更好的工作和生活的重要能力。

如何獲得上述能力？我們其實可以嘗試在閱讀中尋找答案。

思考與聯想

閱讀可以讓我們增長智慧，解決生活中的很多難題。《論語》中舉一反三、自知內省、迎難而上、安貧樂道等思想，會對我們解決上述問題有什麼樣的啟發？孔夫子的解決問題能力、學習能力、逆勢應對能力如何？這些你都思考過嗎？

孔子的一生實際上充滿了艱辛，他三歲喪父，跟隨母親整日勞作。九歲才有機會學習，他滿懷抱負和理想，成年後周遊列國，到過曹、宋、衛、鄭、陳、蔡等國，卻處處遭受排擠，在陳絕糧，歷盡坎坷艱辛，理想抱負都沒能實現。

雖然面對這樣的磨難，但是孔子說出了這樣的話：「飯疏食，飲水，曲肱而枕之，樂亦在其中矣。」（《論語．述而》）足見其於磨難之中保有安貧樂道的淡然心態。此外，孔子非常熱愛學習，他開創了私人著書立說的途徑，開創了編年史、為書作序和圖書分類等方法。孔子晚年喜歡讀《易》，「韋編三絕」就是指孔子晚年翻來覆去地讀《易》，竟將編聯竹簡的牛皮繩磨斷了多次，其學習的勤奮程度可見一斑。

有位著名教授說：「以飽滿的心靈去肯定這些樸素平凡的生命，這才是孔子思想的精神實質。精神家園不在別處，就在肯定生命意志和力量之中，孔子身上恰恰就體現出大丈夫的精神。」這也可以體現出孔子個人的生命境界。

究底與尋根

你想不想變成一位溫潤如玉的謙謙君子？如果想，那《論語》就是一套讓人變為君子的行動指南，是一套可以指導現代人健全人格、安頓心靈、完善生命、做回自己的標準。

下面讓我們一起探討身處現代社會仍然需要閱讀《論語》的原因。

首先，《論語》對現代青年在「為學」方面具有啟發意義。

孔子主張「為己之學」，強調「學」是人成為君子的必經之路。《論語》以「學而時習之，不亦說乎」開宗明義，把「學」放在了至關重要的位置，意在表明求學問道的首要目的在於使自己的內心感到愉悅充實。「古之學者為己，今之學者為人。」（《論語・憲問》）楊伯峻先生解釋此句為：「古代學者的目的在修養自己的學問道德，現代學者的目的卻在於裝飾自己，給別人看。」孔子講的「為己」，意思是透過不斷地學習讓自己的人生境界更加崇高、品德修養更加完善，努力把自己塑造成為有德行的君子，而不是為了獲得一己私利而取悅他人。

孔子語重心長地教導子路：「好仁不好學，其弊也愚。」（《論語・陽貨》）在孔子看來，好學是修德的基礎，只有不斷學習，才能不斷完善德行。孔子一生「學而不厭」、「誨人不倦」，其便是「學為君子」、「為己之學」的最好例證。

著名學者潘光旦先生就曾在受此啟發後說：「自由的教育，

既著重在自求自得，必然地以自我為教育的對象。自由的教育是『為己』而不是『為人』的教育，即每一個人為了完成自我而教育自我。所謂完成自我，即用教育的方法，把自我推進到一個『至善』的境界。」

「學習不應當是目的性的，而應該使自己內心感到愉悅充實，使自己的人生境界更加高尚、品德修養更加完美。」[03]

其次，《論語》對現代青年在「修身」方面有啟發意義。

孔子講求的是「文質彬彬」的修身之道，這也是他不偏不倚的中庸精神的體現。這種不過度、不偏激、文質兼美的態度對於青年有很強的指導意義。

「文質彬彬」側重於闡明孔子內外兼修、形神相合、仁禮統一的修身之道。「文質彬彬」出自《論語·雍也》，子曰：「質勝文則野，文勝質則史。文質彬彬，然後君子。」錢穆在《論語新解》中對此的解釋是「質：樸也；文：華飾也」。[04] 楊伯峻的解釋是：「樸實多於文采，就未免粗野；文采多於樸實，又未免虛浮。文采和樸實配合適當，這才是個君子。」「文質彬彬」在此處形容人既文雅又樸實，後來多用來指人文雅有禮貌。以上兩種解釋雖然對「文」、「質」概念的闡釋有所不同，但都強調君子應追求中道諧和、內外平衡的修身之道。

---

[03] 盧文麗，〈孔子君子觀對大學博雅教育的啟示〉· 揚州大學學報（高教研究版），2023，27（5）：33-34.

[04] 錢穆，《論語新解》。武漢：長江文藝出版社，2020：135.

為了實現「文質彬彬」的修身之道，孔子尤其推崇「詩教」、「禮教」、「樂教」，即所謂「興於詩，立於禮，成於樂」（《論語．泰伯》）。詩、禮、樂三者，對於人的教化具有溫柔敦厚、中道諧和的特點，能讓人在和諧之美的陶冶之下成為文質彬彬的君子。

「文質彬彬」作為孔子「君子」觀在個人修養、禮儀方面的規範，既是我們內在修養與外在風度的完美統一，又是一切內容與形式的完美統一，是儒家中庸思想在修身之道和美育上的具體要求。「文質彬彬」既不能「文勝質」，也不能「質勝文」，唯有恰到好處，才是修養的至高境界。

最後，《論語》對現代青年在「為人處世」方面有啟發意義。孔子提倡「君子和而不同」，這是具有中華智慧的處世哲學，對於青年「批判性思維」的培養，以及建立和諧的人際關係都有啟發意義。青年不僅需要修身正己，也需要走進人群，融入社會，擔當「治國平天下」的使命，這就需要青年學會與人和睦相處。

「和而不同」出自《論語．子路》。子曰：「君子和而不同，小人同而不和。」錢穆認為，仁義是和諧的根本，其闡釋道：「和者無乖戾之心。同者有阿比之意。君子尚義，故有不同。小人尚利，故不能和。」楊伯峻認為，「君子和而不同」的「和」與「禮之用和為貴」的「和」有相通之處，故而將「君子和而不同」理解為「君子用自己的正確意見來糾正別人的錯誤意見，使一切做到恰到好處，卻不肯盲從附和」。匡亞明先生認為，「和而不同」是貫徹中庸思想必須加以提倡的正確做法，以相容矛盾兩端的合理因素而融會貫通，堅持「有原則的和睦相處」，反對「無原則的苟同」。

無論哪種解讀，其核心觀點都在於君子要堅持自己的信念並包容、理解別人的想法，讓每個人都能實現自己的價值，卻又不互相傷害。這一思想蘊含著對個體的尊重、對差異的包容、對多元性的接納，體現了中華文明追求天地萬物和諧共生的普遍理想。

現代青年可以包容更多元的文化、審美和價值觀。成長於網路時代的我們，有條件尊重、理解、吸納不同文化、多元價值的「和而不同」；有能力去辨析良莠，取其精華，去其糟粕。

拓展與延伸

蔡元培曾說：「孔子學問、文章政治事業，朗如日月，燦如星辰，果足為萬世師表。」

閱讀《論語》對世界的意義是什麼呢？

我們生活的 21 世紀不同於以往時代，因為經濟、科技、網路都發展得非常快。在這樣的時代，我們需要一種全新的思考方式，那就是要站在全球的角度，考慮到全世界的每一個人，建立一個多元化的世界文明。這個新的思考方式，就是我們說的「人類命運共同體」。這個理念是從歷史經驗中提煉出來的，也是從我們大家的實踐中總結出來的。這和我們前面提到的孔子說的「和而不同」的想法特別吻合。

縱觀由孔子思想編織的由點到線，再到面的人際關係巨網結成的社會系統，其以「仁」為基礎，以「禮」為機制，以實現「和」為共同目標。子曰：「人而不仁，如禮何？」(《論語．八佾（ㄧ丶）》) 仁立則禮立，禮立因仁顯，「仁」主內，不斷提高主體道德修養，「禮」主外，不斷完善社會規範制度，故「仁」與「禮」是兩個並列且內外相輔、剛柔相濟的子系統。孔子倡導以「仁」達「和」，崇尚以「禮」致「和」，整個系統有條不紊，上下有序，左右有度，社會自然協調和睦。但這不是簡單的「一團和氣」，我們要正視差別、面對矛盾，要講求合理的方法，即「中庸」。只有堅持中庸之道，提倡中和之美，天人諧和，崇德利用，才能使事物處於一種中正圓潤的「和」狀態，這實際上就是「和合」精神的體現。

在這個「人類命運共同體」裡，人與人之間的距離感變小了，不管是在時間上還是在空間上。儒家思想說「四海之內皆兄弟」，這讓我們更加相信，大家的命運是緊密相連的。所以，讓我們一起努力，為了我們共同的未來，創造一個更加和諧、多元的世界吧！

第三節　孔子的人生追求為何？

思考與聯想

眾所周知，孔子是儒家的開創者，被後世尊為「聖人」、「至聖先師」，但是身為一個沒落的士族子弟，他是憑藉什麼「逆襲」成為一個能夠影響中華文化兩千多年的「大咖」的呢？人類思想史、文化史上群星璀璨，明星眾多，但沒有一個人的光芒能夠蓋過從一個小國——魯國——走出來的孔仲尼。他「十五志於學」，後辦私學，創立「杏壇」，短暫做官之後便率弟子周遊列國，後又專注於修訂經典。那他一生所追求的目標究竟是什麼呢？

究底與尋根

要了解孔子一生都在追求什麼，我們必須先了解孔子確立理想的背景和緣由。下面讓我們一邊追溯孔子一生的經歷，一邊探究他的理想與追求。

一、在苦難中修練——吾少也賤，自我解嘲

孔子的祖上是貴族，原籍宋國，曾祖父孔防叔為了逃避宋國內亂，從宋國逃到了魯國。他的父親叔梁紇（ㄏㄜˊ）力大無窮，是魯國著名的武官。其父親在世的時候，孔子家裡的生

活還不錯。後來，叔梁紇娶了顏徵（ㄓㄥ）在，也就是孔子的母親。

可惜的是，在孔子三歲的時候，父親去世了，母親顏徵在受到了大家庭的排擠，無奈之下，孔子的母親帶著孔子到魯國首都曲阜的闕里定居，從此孤兒寡母過著貧寒的生活。

《史記》的〈孔子世家〉中記載了一個很有意思的細節：「為兒嬉戲，常陳俎（ㄗㄨˇ）豆，設禮容。」孔子小時候經常擺放用來祭祀的器具——俎和豆，像行禮的樣子。由此可見，魯國當時的文化環境對孔子的成長是非常有利的。孔子從小玩的遊戲也和別的孩子不同，可以看出孔子的母親在教育孔子方面有獨特之處，孔子一生所追求的「禮」的種子在他幼小的心靈扎下了根。

孔子自幼與母親相依為命，他的童年和少年生活充滿了艱辛。但是艱難的生活非但沒有磨滅他的意志，反而激發了他積極向上的熱情。為了謀生，孔子做過各式各樣的粗活，如掃地、挑水、砍柴，懂得各式各樣的「鄙事」。

《論語》記載了一段孔子對於自己童年的回憶，「太宰問於子貢曰：『夫子聖者與？何其多能也？』子貢曰：『固天縱之將聖，又多能也。』子聞之，曰：『太宰知我乎？吾少也賤，故多能鄙事。君子多乎哉？不多也。』」

太宰是吳國的高官，這個人很佩服孔子，他就去問孔子的學生子貢：「你的老師是個聖人嗎？他怎麼會有這麼多的本領呢？」子貢一聽很興奮：「我的老師是上天讓他成為聖人的，所以他很有能力、有才能。」他興沖沖地找到了孔子：「老師，吳國的太宰說你是個聖人，什麼都會。」子貢本來以為孔子聽了這個評價會很高興，沒想到孔子只是淡淡地點了點頭：「太宰真的了解我嗎？他不懂我，我不是聖人。」「吾少也賤」，少是年少的時候，賤是貧賤。「故多能鄙事」，才會做各式各樣的事情，「鄙事」指的是各式各樣的雜活、小事情。孔子說因為我小的時候很苦，才學會了各式各樣的本事。

後來，他「吾十有五而志於學」，他從十五歲就堅定了自己的志向。魯國當時匯聚了大量博學多識的人才，孔子雖然年齡小，但是只要有機會，他就會向別人請教，「志於學」不只是學知識，更重要的是治國的道理，是超越知識、仕途之上的真理。孔子二十歲的時候，學識就已經非常淵博了，時人稱讚其「博學好禮」。二十多歲時，孔子曾為貴族季氏做過「委吏」（管理倉庫的小官）、「乘田」（管理牧場的小官）。同時，透過自己不懈的努力，孔子掌握了禮、樂、射、御、書、數「六藝」，取得了「士」的資格。

二、三十而立——**興辦斯學，衛國育才**

由上述可以看出，「三十而立」並非簡單的成家立業，孔子更看重的是社會的認可和自我提升。孔子三十歲的時候已經有資格參與齊國來訪等活動，可見他無論是學識還是地位，都得到了社會的認可。在個人修養方面，他曾問禮於老聃（老子），學樂於萇弘，學琴於師襄。這些人都是當時的學術界名人。

在不斷地學習和思考過程中，孔子已經建立了自己所追求的思想核心——「仁」。

「子曰：仁遠乎哉？我欲仁，斯仁至矣。」（《論語．述而》）孔子說：仁德離我們很遠嗎？只要自己願意實行仁，仁就可以達到。「仁」是一個人的內在品質，修養仁德全在自己。這是儒家思想的核心。

孔子還致力於教育，他倡導「有教無類」，打破了貴族對教育資源的壟斷，第一次向所有人敞開了學校的大門。他的學生來自貴族、手工業者、農民等各階層，學費不高，只需帶點肉乾，這就是後來的「束脩（ㄒㄧㄡ）」之禮。他教書的目的不在於傳授知識，而在於培育學生的人生觀和價值觀，在於透過培養人才服務國家。

三、短暫做官——光芒四射，生不逢時

孔子五十一歲時，被任命為中都宰，政績卓著；一年後升任司空，後又升任大司寇；五十六歲時任代理宰相，兼管外交事務。孔子執政僅三個月，魯國內政、外交等各個方面局勢大好，百姓安居樂業、尊禮守法、路不拾遺、夜不閉戶，奸佞之人和刁民紛紛逃往他國。同時，孔子還透過外交手段逼迫齊國

將侵占魯國的鄆（ㄩㄣˋ）、汶（ㄨㄣˋ）陽和龜陰還給了魯國。

孔子傑出的執政能力讓魯國日益強大，這讓齊國感到了威脅，於是齊國國君挑選多位能歌善舞的美女送給了魯國國君魯哀公，開始挑撥孔子和國君及權臣的關係。魯哀公沉溺酒色，不上朝，不辦公，孔子又受權臣季孫氏、孟孫氏和叔孫氏的排擠，已經無法在朝堂立足。

孔子感慨「五十而知天命」，什麼是天命呢？在孔子看來，一個人生來就有天賦予的使命，其包含人和自然的關係、人和社會的關係、人和人的關係，這些東西是客觀存在的。認知天命，是仁；敬畏天命，是禮；履行天命，是義。

四、人在旅途——歷經磨難，初心不改

西元前497年，心懷天下的孔子離開魯國，帶著顏回、子路、子貢等弟子開始了他們的周遊列國之旅。

孔子心懷強烈的責任感和使命感，希望透過宣傳和實踐自己的政治主張實現恢復禮制、世界大同的理想。但是孔子周遊列國時處處碰壁，當時人們形容孔子悽慘地如同喪家之犬，甚至差點丟掉性命。

孔子第一個到達的國家是衛國，但是因為有大臣詆毀孔子，衛靈公並沒有任用他。孔子離開衛國後，路過宋國的匡邑（位於今河南長垣市），被當地人包圍起來，說要報仇。孔子一行人經打聽才知道，原來是因為幾年前魯國的陽虎帶兵經過這裡時為

非作歹，所以當地人都特別恨陽虎。恰巧孔子也是魯國人，且外貌和陽虎有幾分相似。他們向當地人解釋也無用，於是被圍困了五天，向衛國人求助後才離開匡邑。

孔子進入宋國，批評了宋國權臣向魋（ㄊㄨㄟˊ）的暴政，向魋追殺他。孔子只好離開宋國，去往鄭國。

孔子又到了鄭國，但是他與弟子走散了。孔子一個人站在城東門外。鄭國有人對孔子的弟子子貢說：「東門有人，其顙（ㄙㄤˇ）似堯，其項類皋陶，其肩類子產，然自腰以下不及禹三寸。纍纍若喪家之狗。」子貢以實告孔子。孔子欣然笑曰：「形狀，末也。而謂似喪家之狗，然哉！然哉！」面對鄭人的揶揄，孔子不但沒有生氣，還非常高興，因為「喪家之狗」正道出了孔子奔波列國的辛酸。孔子可以藉此解嘲，這也表明了孔子不怨天尤人的達觀態度。因此，孔子「有終身之樂，無一日之憂」。

此外，鄭人說孔子的額頭與堯的額頭很像，而他的脖子像皋陶，肩膀像子產，他的外形被描述為與古代聖王、賢者類似，從中也可以看出孔子在人們心目中是很有威望的。

孔子住在陳國和蔡國時，楚昭王正在招攬人才，於是派人去請孔子。孔子非常高興，就要去楚國。但陳、蔡兩國的大臣們擔心孔子沒有被他們任用，反倒被楚國招攬，楚國本來就是大國，如果孔子讓楚國更強大，陳、蔡兩國就危險了。於是兩國派人包圍了孔子一行人，阻止他們去楚國。孔子和弟子們被圍困了七天。因為缺少糧食，很多弟子都餓倒了。後來子貢突圍出去，找到楚國人。楚國派兵把他們救了出來。

《論語．為政》記錄了這樣一段對話。

或謂孔子曰：「子奚不為政？」子曰，「《書》云：『孝乎唯孝，友於兄弟。施於有政。』是亦為政，奚其為為政？」

意思是有人對孔子說：「你為什麼不參與政治？」孔子道：「《尚書》上說，『孝呀，只有孝敬父母、友愛兄弟，把這種風氣影響到政治上去。』這就是參與政治了，為什麼一定要做官才是參與政治呢？」

孔子在仕途坎坷的無奈中擴大了參政的外延，他自認為「斯文在我」，這體現了孔子思想的靈活性及其曠達的胸襟。

數次面臨死亡威脅、被人說成是「喪家之狗」、到處碰壁，這些遭遇並沒有影響孔子的幽默和真率。《論語．陽貨》中載：

子之武城，聞弦歌之聲。夫子莞爾而笑，曰：「割雞焉用牛刀？」子游[05]對曰：「昔者偃也聞諸夫子曰，『君子學道則愛人，小人學道則易使也』。」子曰：「二三子！偃之言是也。前言戲之耳。」

意思是孔子在武城聽見彈琴唱歌的聲音。孔子微笑著說：「殺雞何必用宰牛的刀呢？（治理小小的武城還用得著行禮樂教化嗎？）」子游回答說：「以前我聽先生說過，『君子（在上位的人）學習了禮樂就能以仁愛之心待人，小人（在下位的人，百

[05]　當時的武城縣縣長，孔子的弟子。姓言，名偃，字子游。

姓）學習了禮樂就容易被役使。』」孔子說：「學生們，言偃的話是對的。我剛才說的話，只是開個玩笑而已。」

後來，孔子到了楚國，楚昭王親自出來迎接，準備給他七百里的封邑。沒想到，楚國接下來的做法讓孔子大失所望。昭王的哥哥子西私下對楚昭王說，孔子非常有才能，而且還有很多賢能的弟子，孔子有了封地後，楚國不一定能制約他們。楚昭王聽後就打消了任用孔子的想法。孔子失望地離開了楚國，這時魯國傳來了好消息。魯國大夫季桓子晚年對驅逐孔子一事非常後悔，他囑咐兒子季康子以後一定要把孔子召回來。季桓子去世後，季康子便派人於西元前 484 年將孔子接回了魯國。此時孔子和他的眾弟子在外整整遊歷了十四年。

有人較為詳細且中肯地分析了孔子周遊列國的路線，其路線圖如下：從魯國出發，走了衛國、曹國、宋國、齊國、鄭國、晉國、陳國、蔡國、楚國等地。相當於今天的曲阜－菏澤－長垣－商丘－夏邑－淮陽－周口－上蔡－羅山，然後原路返回。

五、光耀千秋 —— 整理典籍，專注教育

結束了遊歷的生活後，回到魯國的孔子享受著國老的待遇，當了國君的顧問。他雖然沒有實際權力，但是可以參與商議國家政事，國君魯哀公和權臣季康子還是比較看重他的建議的。

此外，孔子已經明白自己無法實現政治抱負了，他晚年致力於整理典籍和教書育人，透過整理《六經》，具體是修《詩

經》、《尚書》、《禮經》、《樂經》，序《易經》，撰《春秋》，向世人傳達自己的思想理念，並潛心教育自己的弟子。

身為儒家思想的倡導者和傳播者，孔子畢生遵循著「窮則獨善其身，達則兼濟天下」（《孟子‧盡心章句上》）的人生信條。他在七十三年的生涯中，「求仕」成功，就在仕途上發展；仕途上失意或「求仕」不成，就退而修書，整理文獻典籍，並且在文獻典籍中寄託他的政治理想，尋找「修身、齊家、治國、平天下」的途徑。

正像他贊同蘧伯玉時所說的：「君子哉蘧伯玉！邦有道，則仕；邦無道，則可卷而懷之。」（《論語‧衛靈公‧七》）孔子說：「蘧伯玉是君子啊！國家政治清明時，他就出來做官；國家政治黑暗時，就把自己的才能收藏起來（不做官）。」在研究和整理文獻典籍的過程中，他始終貫徹以「仁」為核心內容、以「禮」為形式的指導思想，這在《論語》和「六經」中都有體現，如「仁者先難而後獲，可謂仁矣」（《論語‧雍也》）。意思是說，有仁德的人先付出艱苦的努力，然後得到收穫，這就是「仁」。在文獻典籍整理中，孔子還排斥非「中庸」的言論，推崇和貫徹「中庸」思想。「中庸之為德也，其至矣乎！」（《論語‧雍也》）

拓展與抱負

前面我們透過孔子一生的經歷探究了他的理想與追求，下面進一步梳理和概括。

首先，「仁」是孔子所有思想的核心，「人而不仁，如禮何？」「仁」是「禮」的核心，「克己復禮為仁」，「禮」是實現「仁」的方式。從《論語》看，「仁」的內容幾乎包括了做人的全部規範：忠、恕、孝、悌、智、勇、恭、寬、信、敏、惠等。可見「仁」是孔子所追求的最高的政治原則和道德準則，而「仁」的主要內容則是「仁者愛人」。

「仁」並非高不可攀，孔子提出：「為仁由己」，只要端正內心，自覺追求便可得「仁」。他還提出許多具體的「仁」的內容和方法，如「言行一致」、「篤實躬行」、「巧言令色，鮮矣仁」、「吾日三省吾身」、「見賢思齊」等。

其次，孔子對周禮所懷的敬意與追求，實質上是對周代道不拾遺、民風純樸、遵守禮節的理想社會的憧憬，他所謂的「從周」和「尚禮」實質上是追求太平、和睦的社會，反對暴力和動亂。這與當前社會追求和平的目標不謀而合。孔子視自己所處的時代為「天下無道」。無道最明顯的特徵是大量「僭越」現象的出現，僅《春秋》記載的被弒的國君就有三十六人。可見，孔子是站在周天子的立場上修訂《春秋》、進行撥亂反正的。

孔子恢復周禮的根本原因，並不是為維護已沒落的奴隸主貴族的利益，也非主張社會倒退，而是身為知識人士憂國憂民的一份良知。在這份良知的驅使之下，他確立了自己追求和平、理想社會的目標。孔子的社會理想是注重現實。從他主張對「周禮」可以有所「損益」可見他並非食古不化。

最後，綜合來看，孔子追求「仁」就是為了強調內在的道德修養，協調好人際關係，解決社會矛盾，最終實現符合「禮」的太平盛世。孔子期望的社會圖景是君愛臣、臣忠君，父愛子、子孝父，家寧國太平，人人有德行、重修養、講仁義、和睦相處。

第四節　孔子為何被尊為「聖人」？

思考與聯想

春秋時期，孔子於杏壇講學，有教無類，周遊列國，憑實力吸引大量「粉絲」，當時群賢畢至。可是，先生離開我們已經2,500多年了，他在那個久遠年代裡提出的社會生活、為人處世之道，為什麼一直鮮活地存在於後人的生活裡、流淌在我們的血液裡？大到「一帶一路」、大國崛起，小到柴米油鹽、你來我往，似乎他一直就生活在我們身邊，面容慈祥地望著我們。北宋宰相趙普認為「半部《論語》治天下」，《論語》真的有這麼大的影響力嗎？為什麼孔子不止在東方擁有龐大的粉絲群，在西方也有非常高的人氣呢？人們為什麼異口同聲地稱他為「聖人」？

究底與尋根

我們來看看孔夫子曾獲得的榮譽稱號：孔子，中國古代思想家、政治家、教育家，儒家學派創始人。先後被尊為或封為尼父、褒成宣尼公、褒尊侯、文宣尼父、鄒國公、先師尼父、先師、先聖（唐代李世民做皇帝時，這是孔子第一次被官方封為聖人）、宣父、太師、隆道公、文宣王（唐玄宗李隆基時，孔子第一次被封王）、玄聖文宣王、至聖文宣王、文宣帝、大成至聖文宣王、至聖先師、大成至聖文宣先師、大成至聖先師。清朝時，康熙皇帝又親自寫了楷書的匾額「萬世師表」，下詔掛在孔廟大成殿梁上，從此，人們便稱頌孔子是「萬世師表」。此外，康熙後共有七位皇帝先後為大成殿書寫匾額，分別是「生民未有」（雍正）；「與天地參」、「時中立極」、「化成悠久」（乾隆）；「聖集大成」（嘉慶）；「聖協時中」（道光）；「德齊幬（ㄉㄠˋ）載」（咸豐）；「聖神天縱」（同治）；「斯文在茲」（光緒）。看看這些尊稱或封號，學術界如果要評選一位「聖人院士」，誰能與之爭鋒？下面讓我們就來分析一下孔子為何能成為「聖人」。

一、於思想：帶天地立言

孔子憑藉一個「仁」字，就在春秋亂世乃至當今世界灑下萬丈光芒。不管是治國還是為人，都要以「仁」為本。為了進一步提倡「仁」，他還專門提出了「君子」這一概念與「小人」對比，集中體現君子所代表的仁德。「君子懷德，小人懷土；君子懷刑，小人懷惠。」孔子的「仁」對接了今天的人道精神和人文關懷，是最和諧的人與人的關係，也是最基本的治國安邦的法寶。

二、於學問：治史、美學、經濟無所不成

孔子治史思想的一個重要主張就是「直」，即研究歷史要實事求是，不但要重視根據，還要「知之為知之，不知為不知」。

孔子的美學思想核心為「美」和「善」的統一，也是形式與內容的統一，孔子的美學思想對後世的文藝理論研究產生了深遠的影響。孔子提倡「詩教」，即把文學藝術和政治道德結合起來，把文學藝術當作改變社會和政治的手段、陶冶情操的重要方式。孔子認為，一個完人應該在詩、禮、樂方面修身成性。

在經濟上，孔子的「重義輕利」、「見利思義」與「富民」思想對後世有較大影響，商業領域講求誠信的理念就與此相通。

三、於教育：萬世師表

孔子在中國歷史上最早提出人的天賦資質相近，個性差異主要受後天教育與社會環境影響，因而人人都可以接受教育、人人都應該受教育的主張。他提倡「有教無類」(無論貧富、地位高低、職業貴賤、智愚都可以接受平等的教育)，創辦私學，打破了奴隸主貴族對學校教育的壟斷，把受教育的範圍擴大到平民，順應了當時社會發展的趨勢。孔子認為教育的意義在於改造人性，他說：「性相近也，習相遠也。」(《論語・陽貨》)相傳為孔子之孫孔伋（ㄐㄧˊ）所作的《中庸》，記述了孔門傳授

心法，開篇即是對孔子教育的具體闡釋：「天命之謂性，率性之謂道，修道之謂教。」(上天賦予人的氣質叫性，順著本性去做叫道，修明道的準則叫做教) 這些言論闡明了孔子所倡導的教育實質，我們也可以就此理解孔子重視後天教育的思想。

四、於政治：德治禮治，天下大同

孔子提出的「仁」、「禮」等治國方案，在後世統治者的運用中已經被證明是有價值的，其中貞觀之治就是典型的例子。除此之外，他還提出了「大同」和「小康」的概念。「大同」社會的基本特點是：天下為公，大道暢行，「選賢與能，講信修睦」、「人不獨親其親，不獨子其子，使老有所終，壯有所用，幼有所長，矜寡孤獨廢疾者，皆有所養。」而「小康」社會的基本特點是「天下為家」、「各親其親，各子其子，貨力為己」，這是大同社會的前奏。他的「大同」社會和「小康」社會理想，更暗合了現今對理想社會的追求。我們依然走在孔子在兩千多年前為我們規劃的道路上。

五、於道德：人善相依，中庸之道

孔子講求「善」，講「仁德」，厭惡小人與惡人。他還提出中庸之道，孔子說：「中庸之為德也，其至矣乎！」中庸是儒家所追求與秉持的一種臻於完美的道德標準或行為規範。何謂中庸？《中庸》裡說：「喜怒哀樂之未發，謂之中；發而皆中節，謂之和。中也者，天下之大本也；和也者，天下之達道也。」意思是喜怒哀樂四種情緒沒有表現出來就是中，表現出來而能恰如其分就是和，中是天下之根本，和是萬物執行的規律。中庸之道講求的是和諧，是掌握正確的分寸。子貢問：「師與商也孰賢？」子曰：「師也過，商也不及。」曰：「然則師愈與？」子曰：「過猶不及。」（《論語．先進》）子貢向孔子問道：「師[06]和商[07]兩人誰更賢能？」孔子說：「師總是過度，商總是不足。」子貢說：「那麼是師更勝一籌嗎？」但孔子覺得過度和不足是沒有任何區別的，這段話就強調了「中」的重要性。

總而言之，孔子一手開創了儒學，為中華文化奠定了堅實的基礎，並對全世界都產生了深遠影響，孔子被稱為聖人，實在是當之無愧。

拓展與延伸

孔子在中國文化史上的地位是無法撼動的，作為孔子思想載體的《論語》同樣在歷史和當代社會中閃爍著哲學的光芒。那些有著偉大智慧的外國哲學家、思想家、政治家、文學家等是如何評價孔子、如何看待《論語》的呢？

18 世紀法國啟蒙運動的泰斗伏爾泰（Voltaire）對孔子的思想十分推崇，他在《哲學辭典》（*Dictionnaire philosophique*）中引用了孔子的七句格言，然後寫道：「在東方找到一位智者……他

[06]　師：顓孫師，字子張。

[07]　商：卜商，字子夏。

在西元前六百餘年便教導人們如何幸福地生活。」

法國大革命時期雅各賓派領袖馬克西米連．羅伯斯比爾（Maximilien Robespierre）在西元 1793 年起草的《人權和公民權宣言》中引用了孔子的格言，他寫道，「自由是屬於所有的人做一切不損害他人權利之事的權利，其原則為自然，其規則為正義，其保障為法律；其道德界線則在下述格言中：『己所不欲，勿施於人』。」

美國詩人、哲學家愛默生認為，「孔子是諸民族的光榮」、「孔子是哲學上的華盛頓」，表示「對於這位東方聖人極為景仰」，並經常引用孔子的名言：「朝聞道，夕死可矣。」

美國詩人、意象派詩歌的代表人物埃茲拉．龐德（Ezra Pound）曾經譯過孔子的《論語》，他晚年居留羅馬時，記者採訪他，他說《論語》是房中醒目的三本書之一。龐德還對記者說：「我心目中的孔子的宇宙，便是韻律與張力互動為用的宇宙。」

第二章

《論語》中的核心：仁

我們閱讀一部經典作品之前常常希望了解其主要內容，閱讀之後也經常想用盡量簡潔的語言概括它的精髓，但是其核心要義如果「一言以蔽之」，應該很難做到。《論語》這部儒家經典卻可以用一個字來概括其核心思想，那就是「仁」，且「仁」字貫穿始終。那麼，「仁」到底有怎樣的深層意蘊呢？「仁」到底有多神祕？本章我們將一起走近「仁」，進而理解以「仁」為依託的「忠恕之道」，了解以「仁」為前提的「禮」、「孝」、「勇」、「詩」、「樂」、「中庸」等主要思想的內涵和當下意義。

本章還會在理解《論語》核心概念的基礎上，深入探析《論語》的深層意蘊，思考一些生命本源問題，尋找達「仁」的路徑，探尋千百年來一代又一代青年學子的品德操守、理想追求、人生境界和愛國情懷的思想根源、文化依據。從走近《論語》到走進《論語》，讓我們一起探究它的奧祕吧！

第一節　何謂「仁」？

思考與聯想

那麼，當代青年的愛國精神與《論語》中「仁」的思想有什麼關係呢？「仁」的思想是如何由孝悌樂業走向匡時濟世的？下面，我們一起走近「仁」，揭開它的神祕面紗，共同探究青年的愛國精神與「仁」的淵源。回溯歷史，我們會發現華人的精神是「仁」的重要表現之一，其由人與人之間的關愛昇華為個體對家國的熱愛，有些人甚至為此付出了生命的代價，如屈原屢遭放逐，理想破滅，幽憤而投江。以「仁」為起點的愛國精神是一代代華人追尋的永恆命題。「仁」，同樣是華人的立身之道，是評價一個人是否符合君子之道的重要維度，是華人的根與魂。

踐行「仁」還有其他益處嗎？心理學家阿爾弗雷德·阿德勒（Alfred Adler）說：「人的一切煩惱，皆源於人際關係。」你在現實生活中遇到過處理人際關係的難題嗎？讀懂《論語》的核心問題可以幫你走出人際關係的困擾，減少精神內耗。

那麼，我們一起來細讀《論語》，體會其思想精華，為現實生活中的人生困局尋找一個破解之道。具體應該怎麼讀呢？錢穆先生有言，「讀《論語》，貴能逐章分讀，又貴能通體合讀，反覆沉潛，互動相發，而後各章之義旨，始可透悉無遺。」[08]

---

[08]　錢穆，《論語新解》。武漢：長江文藝出版社，2020：152。

我們解讀《論語》除了按照章節「逐章分讀」，還要按照主要思想縱向梳理，這樣才能更好地領會「各章之義旨」。因此，我們先從《論語》的核心思想開始講起。

整部《論語》都是以「仁」為核心展開論述的，書中界定了「仁」的概念，闡釋了「仁」的內涵，以及實現「仁」的方法，並對行「仁」提出了具體要求。孔子是宋國人，宋國是殷商後裔的封地。孔子生活的魯國，是周公的兒子伯禽的封地，我們熟悉的周公相傳是「周禮」的主要制定者。春秋末期，禮崩樂壞，只有魯國的儒生潛心研究傳統典章文獻，認真傳授西周的禮儀，於是魯國有了「禮樂之邦」的稱號，各國公卿貴族經常到魯國觀「禮」、習「禮」。

一、「仁」在《論語》裡出現了多少次？

「仁」在《論語》中共出現了 109 次。樊遲問仁，子曰：「愛人。」（《論語 · 顏淵》）樊遲問什麼是仁，孔子說：「愛人。」這是孔子對「仁」下的最簡潔明瞭的定義。《說文解字》對「仁」的解釋是「從人從二」，「仁」是由「人」和「二」構成的，「仁」即人與人的關係，這是「仁」最核心的邏輯，是「仁」的本質。孔子所說的「愛人」可以理解為善待他人。

二、「仁」講了什麼？

孔子對「仁」的論述既然貫穿於《論語》整本書，那麼「仁」的內涵包括哪些內容？「愛人」的多層含義又是指什麼呢？

「仁」具體體現在不同方面，如孝悌、謹信、愛眾、親仁、忠恕、博施濟眾、珍愛生命等。「仁」既是孔子哲學思想的核心，也是儒家思想的核心。「仁」是對每一個人最基本的要求，也是處理好自我與他人關係的基本保證。人與他人的關係是人類社會問題的根源，它決定了家、鄉邑、邦國的關係，甚至還可以決定國與國的關係，其關涉和平與戰爭。「禮之用，和為貴。先王之道斯為美，小大由之。」（《論語．學而》）儒家倡導的和諧、和平、愛國精神在中華傳統文化中一直是一脈相承的。

三、「仁愛」就是「忠」、「恕」嗎？

「愛人」，是指友愛他人、友善待人。孔子所強調的「愛」，不是簡單的友愛、關愛，而是指「仁愛」，具體表現為「忠」和「恕」。孔子的「仁愛」建立在強調等級的「禮」的基礎之上，以大原則為前提，保證百姓平安、國家穩定。他提倡「君君，臣臣，父父，子子」，以血緣為紐帶，以孝悌為根本，在「親親」的基礎上推己及人，其「仁愛」從個人、家庭拓展到整個社會。孔子的仁愛觀不僅意蘊豐富而且辯證客觀，如孔子一方面批評管仲不「知禮」、違背禮；另一方面因為管仲輔佐齊桓公一匡天下，九合諸侯，使華夏民族免於兵燹，又肯定管仲在維護天下安定、避免殺伐方面的貢獻，稱其為「仁者」。

四、一以貫之的究竟是什麼呢？

忠恕之道是孔子待人的基本原則。子曰：「參乎！吾道一以貫之。」曾子曰：「唯。」子出。門人問曰：「何謂也？」曾子曰：「夫子之道，忠恕而已矣。」（《論語．里仁》）忠，就是對人盡心竭力。曾子曰：「吾日三省吾身：為人謀而不忠乎？與朋友交而不信乎？傳不習乎？」（《論語．學而》）

「忠」，就是要講真話，不欺騙，以誠相待。子路問事君，子曰：「勿欺也，而犯之。」（《論語．憲問》）當然，現實生活中並非人人都能始終講真話，所以孔子認為君子應「慎於言」。

忠，向內歸因，強調自我約束，是「己欲立而立人，己欲達而達人」。子貢曰：「如有博施於民而能濟眾，何如？可謂仁乎？」子曰：「何事於仁？必也聖乎！堯舜其猶病諸！夫仁者，己欲立而立人，己欲達而達人。能近取譬，可謂仁之方也已。」（《論語．雍也》）

「恕」，即「己所不欲，勿施於人」，就是寬厚待人、推己及人。子貢問曰：「有一言而可以終生行之者乎？」子曰：「其恕乎！己所不欲，勿施於人。」（《論語．衛靈公》）

「恕」，向外延展，強調的是自己與他人的關係，「勿施」就是不強加於人。子貢曰：「我不欲人之加諸我也，吾亦欲無加諸人。」（《論語．公冶長》）「勿施」可以促進人際關係的和諧。

拓展與延伸

一、孔子心目中的「人才」是什麼樣的？

在《論語．公冶長》中有這樣一段話，仔細剖析可以看出孔子評價人才的標準。

孟武伯問：「子路仁乎？」子曰：「不知也。」又問。子曰：「由也，千乘之國，可使治其賦也，不知其仁也。」「求也，何如？」子曰：「求也，千室之邑，百乘之家，可使為之宰也，不知其仁也。」「赤也，何如？」子曰：「赤也，束帶立於朝，可使與賓客言也，不知其仁也。」

在這段對話中，孔子以「仁」為標準，分別對自己的三個學生進行了評價。他認為，他們有的擅長軍事，有的擅長總管內政，有的可以應對外交任務。孔子的這三個弟子都是才華橫溢之人，但是在孔子的心目中，他們都沒有達到「仁」的要求。可見，求「仁」、達「仁」之路異常艱難，一個人的才能必須符合禮制、德治的規則，必須以「仁」為前提。

二、如何達「仁」

了解了「仁」的內涵及其評價人才的標準，如何做到符合儒家標準的「仁」，達到品德修養的最高境界呢？

達到「仁」的境界需要內驅力，需要自覺地修身養性，需要內在的精神力量。對於如何實現「仁」，《論語》的論述及對此的評析如下。

●**原文**　4.1 子曰：「里仁為美。擇不處仁，焉得知？」

◯**譯文**　孔子說：「住的地方要有仁德才好。選擇的住處沒有仁德，怎麼能說聰明呢？」

◯**評析**　孔子認為居住的地方要民風純樸，這是他從選擇居住環境入手，教我們如何接近「仁」。

●**原文**　4.2 子曰：「不仁者不可以久處約，不可以長處樂。仁者安仁，知者利仁。」

◯**譯文**　孔子說：「不仁的人不可以長久地居於窮困中，也不可以長久地居於安樂中。有仁德的人安於仁，聰明的人利用仁。」

◯**評析**　孔子告誡我們不能因為身處窘境而喪失仁德，這是他從人生境遇角度教我們守護「仁」。

●**原文**　4.4 子曰：「苟志於仁矣，無惡也。」

◯**譯文**　孔子說：「假如立定志向實行仁德，就不會去做壞事。」

◯**評析**　行「仁」要先立志，這是孔子從立志的角度勉勵我們如何近「仁」。

●**原文**　4.5 子曰：「富與貴，是人之所欲也，不以其道得之，不處也；貧與賤，是人之所惡也，不以其道得之，不去也。

君子去仁，惡乎成名？君子無終食之間違仁，造次必於是，顛沛必於是。」

○**譯文**　孔子說：「發財做官，這是人人所盼望的，不用正當的方法去得到它，君子不接受；窮困和卑賤，這是人人所厭惡的，不用正當的方法去除它，君子不擺脫。君子拋棄了仁德，如何去成就他的聲名呢？君子沒有一餐飯的時間離開仁德，就是在倉促匆忙的時候也一定和仁德同在，就算在顛沛流離的時候，也一定和仁德同在。」

○**評析**　君子要以「仁德」為行事標準，這是孔子從外在環境的角度勸誡我們不要遠離「仁德」。

●**原文**　7.30 子曰：「仁遠乎哉？我欲仁，斯仁至矣。」

○**譯文**　孔子說：「仁德難道離我們很遠嗎？只要自己願意實行仁，仁就可以達到。」

○**評析**　孔子再次強調修養靠的是自覺，這是孔子從主觀意願的角度告訴我

●**原文**　12.1 顏淵問仁。子曰：「克己復禮為仁。一日克己復禮，天下歸仁焉。為仁由己，而由人乎哉？」顏淵曰：「請問其目。」子曰：「非禮勿視，非禮勿聽，非禮勿言，非禮勿動。」顏淵曰：「回雖不敏，請事斯語矣。」

○**譯文**　顏淵問仁德。孔子道：「抑制自己，使言語行動都合於禮，就是仁。一旦做到了，天下的人都會稱許你是仁人。

實踐仁德全憑自己，難道要依靠別人嗎？」顏淵道：「請問行動的綱領。」孔子道：「不合禮的事不看，不合禮的話不聽，不合禮的話不說，不合禮的事不做。」顏淵道：「我雖然遲鈍，也要實行您這話。」

○**評析**　孔子教顏回行仁的重要綱目，這是孔子從克制自己的角度為我們指明了自我行仁的基本路徑，並說明「仁」與「禮」相結合，「仁」應是內在的訴求，「禮」是「仁」的外在表現。

●**原文**　12.2 仲弓問仁。子曰：「出門如見大賓，使民如承大祭。己所不欲，勿施於人。在邦無怨，在家無怨。」仲弓曰：「雍雖不敏，請事斯語矣。」

○**譯文**　仲弓問仁德。孔子道：「出門好像去接待貴賓，役使百姓好像去承擔重大祭祀。自己不喜歡的事物，不要強加給別人。在邦國做事沒有抱怨，在卿大夫的封地做事也沒有抱怨。」仲弓道：「我雖然不聰明，也要實行您這話。」

○**評析**　孔子教導仲弓行仁之道，這是孔子從「忠恕之道」的角度分析「仁」。

●**原文**　12.3 司馬牛問仁。子曰：「仁者，其言也訒。」曰：「其言也訒，斯謂之仁矣乎？」子曰：「為之難，言之得無訒乎？」

○**譯文**　司馬牛問什麼是仁，孔子說：「仁人，他的言語謹慎。」司馬牛說：「言語謹慎，這就可以稱得上仁了嗎？」孔子說：「做起來很難，說話能不謹慎嗎？」

◯**評析**　面對話多的司馬牛，所以孔子從為人謹慎、自我約束的角度解釋「仁」。

●**原文**　12.22 樊遲問仁。子曰：「愛人。」問知。子曰：「知人。」樊遲未達。子曰：「舉直錯諸枉，能使枉者直。」樊遲退，見子夏，曰：「鄉也，吾見於夫子而問知，子曰：『舉直錯諸枉，能使枉者直』，何謂也？」子夏曰：「富哉言乎！舜有天下，選於眾，舉皋陶，不仁者遠矣。湯有天下，選於眾，舉伊尹，不仁者遠矣。」

◯**譯文**　樊遲問仁。孔子道：「對人慈愛。」又問智。孔子道：「辨別人。」樊遲不懂。孔子道：「把正直的人提拔出來，位置在邪惡的人之上，能夠使邪惡的人正直。」樊遲退了出來，見子夏，說道：「剛才我去見老師向他問智，他說，『把正直的人提拔出來，位置在邪惡的人之上』，這是什麼意思？」子夏道：「意義多麼豐富啊！舜有了天下，在眾人中挑選，把皋陶舉薦出來，壞人就難以存在了。湯有了天下，在眾人之中挑選，把伊尹提拔出來，壞人也就難以存在了。」

◯**評析**　這是孔子從「仁」與「知」的相互作用的角度闡釋「仁」，充滿了辯證的色彩。

●**原文**　13.19 樊遲問仁。子曰：「居處恭，執事敬，與人忠。雖之夷狄，不可棄也。」

○譯文　樊遲問仁。孔子道：「平日態度莊重，工作認真，與人真誠相處。這幾種品德，即使到了偏遠的地方，也不能丟棄。」

○評析　孔子認為恭、敬、忠三者為行仁之本，無論身處何地都要堅守，這是孔子從普世價值的角度闡釋「仁」的境界。

●原文　13.27 子曰：「剛、毅、木、訥近仁。」

○譯文　孔子說：「剛強、果決、樸質，慎言，這樣就近於仁德。」

○評析　這是孔子從四種具體接近仁道的特質的角度勸勉人。

●原文　15.9 子曰：「志士仁人，無求生以害仁，有殺身以成仁。」

○譯文　孔子說：「志士仁人，不貪生怕死因而損害仁德，願意獻出生命來成全仁德。」

○評析　這是孔子從生死置之度外的角度鼓勵有志之士。

●原文　15.10 子貢問為仁，子曰：「工欲善其事，必先利其器。居是邦也，事其大夫之賢者，友其士之仁者。」

○譯文　子貢問如何培養仁德。孔子道：「工匠要做好他的工作，一定要把工具磨得鋒利。住在一個國家，要侍奉大夫中的賢人，結交那些士人中的仁人。」

◎評析　這是孔子從親近賢人和仁人的角度談培養「仁德」的方法。

●原文　15.36 子曰：「當仁不讓於師。」

◎譯文　孔子說：「面臨著仁德，就是老師，也不同他謙讓。」

◎評析　這是孔子從「仁」無身分差別的角度勉勵人勇敢行仁。

●原文　17.6 子張問仁於孔子。孔子曰：「能行五者於天下為仁矣。」請問之。曰：「恭、寬、信、敏、惠。恭則不侮，寬則得眾，信則人任焉，敏則有功，惠則足以使人。」

◎譯文　子張向孔子請教仁。孔子說：「做事有五種品德，就是仁人了。」子張道：「請問哪五種。」孔子道：「莊重、寬厚、誠實、勤敏、施惠。莊重就不遭侮辱，寬厚就會得到眾人的支持，誠實就會被人任用，勤敏就會高效，施惠才能使人服從。」

◎評析　這是孔子從「恭、寬、信、敏、惠」五種德行的角度指出君子具體的行仁之道。

●原文　19.6 子夏曰：「博學而篤志，切問而近思，仁在其中矣。」

◎譯文　子夏說：「廣泛地學習，堅守自己的志向；懇切發問，多考慮身邊的問題，仁德就在其間。」

◎評析　這是子夏教人學習求仁的途徑。

第二節　「忠恕之道」是什麼？

名著與生活

也許你正深陷「過度競爭」而身心俱疲的狀態中，有時也會萌生「躺平」的想法，但年少的你又不甘於平庸。於是，選擇「過度競爭」還是「躺平」，讓你陷入兩難的境地，並在抉擇不定時不自覺地被捲入「精神內耗」。

思考與聯想

儒家文化的人生態度是永不懈怠地激勵自己，那麼，我們能否從儒家文化中汲取一點精神力量和人生智慧，幫助我們走出現實困境呢？儒家的「忠恕之道」或許可以為我們找到一個突破口。

究底與尋根

一、何謂「過度競爭」？

在經濟飛速發展、社會競爭較為激烈的大環境下，大家為了爭奪優質教育資源、獲得更好的升學和就業機會，往往要付出超出常人的時間和精力，應對各種考試和不同層面的競爭，進而成為「過度競爭」的一分子。「過度競爭」的結果是破壞了良性競爭的環境，把大家拖入了惡性競爭的深淵。究其本源，在於競爭者人數過多，而資源和機會都有限，所以每個人只有付出更多的努力，才能在競爭中脫穎而出。

這一概念，最早見於德國哲學家伊曼努爾·康得（Immanuel Kant）的《判斷力批判》（*Critique of Judgment*）一書，後來美國人類學家亞歷山大·戈登威澤（Alexander Goldenweiser）將它界定為「一類文化模式達到了某種最終的形態以後，既沒有辦法穩定下來，也沒有辦法轉變為新的形態，而只能不斷地在內部變得更加複雜的現象」。當一個人付出了極致的努力，承受了巨大的壓力，卻沒有達到預期的效果時，往往容易變得煩躁焦慮，自我懷疑，甚至自我否定，陷入「過度競爭」還是「躺平」的兩難選擇。

二、忠恕之道如何防止「過度競爭」？

子曰：「參乎！吾道一以貫之。」曾子曰：「唯。」子出。門人問曰：「何謂也？」曾子曰：「夫子之道，忠恕而已矣。」（《論語·里仁》）「吾道一以貫之」的「道」指的是什麼呢？「道」是一個艱深的命題，其可以理解為「仁」或「仁道」。曾子將孔子所說的「道」又具體解釋為什麼呢？就是「忠」和「恕」，即「忠誠和寬恕」。

「仁」在不同歷史時期的不同社會關係中有不同的表現。雖然了解了「忠恕之道」，但它如何防止內耗，帶我們走出困境呢？「忠恕之道」可以在紛繁的世界裡助力我們尋找一種平衡，這種平衡可以是自我與自我的平衡、自我與他者的平衡、人與社會的平衡，也可以是人與自然的平衡。因此很多人將「忠恕之道」譽為「人際關係的黃金法則」，我們甚至可以用它來處理人類社會紛繁複雜的關係。孔子的一生也在孜孜不倦地思考和實踐，甚至希望解構社會現實，重構社會秩序。孔子的智慧穿越千年，影響了一代又一代的華人。

忠，即「己欲立而立人，己欲達而達人」；恕，即「吾亦欲無加諸人」，也就是「推己及人」。

忠之「盡己」，是指每一個生命個體都能以正向的心態面對風雲變幻的世界，真實真誠，鬥志昂揚，永不倦怠，竭盡全力，自強不息，去克服重重困難，不斷戰勝自己、提升自己、超越自己，改變生存狀況，進而影響、改善周圍的現實環境。

恕之「推己」，是指每一個個體都能以包容的姿態面對錯綜複雜的現實，化解緊張的人際關係，清醒理性，淡定從容，學會換位思考，為他人著想。個體要「毋意、毋必、毋固、毋我」，完善道德品行，提高品德修養。只有具有這些智慧、能力、修養才能克制當下的焦慮。

縱觀孔子的一生，我們可以發現他既不「過度競爭」，也不「躺平」，更不會陷入「精神內耗」。儘管出身微賤、生活困頓，但他卻坦然自信。在年少便失去雙親的情況下，他也沒有自怨自艾，反而意志堅定，從社會最底層做起。在人到中年時他依然周遊列國，駕著一輛顛簸的木車，行走在蒼茫的中華大地上。他在陳絕糧，「纍纍若喪家之狗」，他經歷了無數的險惡和迫害，經歷了無數的失望甚至絕望，他所面臨的境遇和他面對現實的無力感應該超過了許多在現實中彷徨迷惘的青年，但是他從未放棄。他勇敢堅毅、堅守信念的背後，是儒家的仁愛和忠恕的力量，這份力量讓他有勇氣超越苦難，與自己達成和解。理解「忠恕之道」裡蘊含的智慧和力量可以幫助我們擺脫「內耗」，走出現實困境，最終實現自我和解。

拓展與延伸

《論語》裡的大智慧

《論語》裡不僅有人生智慧，還有對人生、對自然、對世界的根本問題的思考。有位著名教授認為，「仁」是儒家思想體系的核心，是人之為人的基本道理，是人之為人的底線和最高境界。「仁」的實現之道是「仁道」，其基本途徑是「忠恕之道」。

時至今日，不同文明之間依然存在紛爭，但人類命運卻休戚與共，正如《論語．里仁》中孔子的弟子子夏所言，「四海之內，皆兄弟也」，儒家思想中「人類一家」的格局是建構人類命運共同體的重要精神力量。

當下，我們恰逢百年未有之大變局，「忠恕之道」經過現代詮釋，應用於多元文明的人類世界，有助於化解文明衝突。多元文明雖各具特色，但可以相容並包、和而不同，實現超越時空的融合，促進文化交流。

第三節　我們現在還需要「禮」嗎？

思考與聯想

你知道華人重「禮」的思想是怎麼來的嗎？當下，我們在日常生活中還需要這些「禮」嗎？

究底與尋根

一、叉手禮

在唐朝，見面行禮的方式是兩手交叉，其被稱為「叉手禮」。叉手禮是一種古代的禮儀，是中國古代平常打招呼的禮儀。叉手禮始於西晉，男女老幼都可行禮以示尊敬。唐朝詩人柳宗元有詩曰：「入郡腰恆折，逢人手盡叉。」

這種行禮方式在文藝作品中也多有表現，南唐畫家顧閎中的〈韓熙載夜宴圖〉描繪了韓熙載家設夜宴、載歌行樂的場面，其中有三個畫面出現了「叉手禮」：第一，韓熙載與來賓聚精會神地傾聽琵琶演奏時，其中有兩人行的是叉手禮；第二，眾人觀舞時一個和尚行的禮就是叉手禮；第三，宴會結束時，其中有一人回頭向韓熙載道別，行的也是叉手禮。

《水滸傳》[09] 第十五回楊志叉手向前稟道：「恩相差遣，不敢不依。只不知怎地打點？幾時起身？」在這裡，楊志行的也是「叉手禮」。

《說文解字．又部》記載：「叉，手指相錯也。從又，象叉之形。」[10] 如何行「叉手禮」呢？宋人《事林廣記》記載：「凡叉手之法，以左手緊把右手拇指，其左手小指則向右手腕，右手四指皆直，以左手大指向上。如以右手掩其胸，收不可太著胸，須令稍去二三寸，方為叉手法也。」叉手禮不像拱手、作揖那樣行完禮手就放下，而是要放在胸前持續這一動作。

二、何為「禮」？

「禮」字初作「豊」，始見於商代甲骨文。「禮」本指祭神、敬神，「禮」字的演進如圖 2-9 所示。

《論語．季氏》中有「不學禮，無以立」之言，《論語．里仁》中也有「不能以禮讓為國，如禮何」的說法。

「天地之序」是「禮」的來源和法則，其源自農業社會對「天人合一」的信奉，希望透過「禮」的方式，在人類社會中建構出與天地萬物自然法則、邏輯秩序相呼應的和諧世界。孔子所倡

[09]　施耐庵，《水滸傳》。

[10]　許慎，《說文解字》。北京：中華書局，2013：58。

導的「克己復禮」、「外禮內仁」也是如此，貫穿其中的便是天地自然的秩序和法則，這是重視「禮」的社會所尊崇的法則。

禮　ㄌㄧˇ　來紐、文部；來紐、恩魂、盧困切。

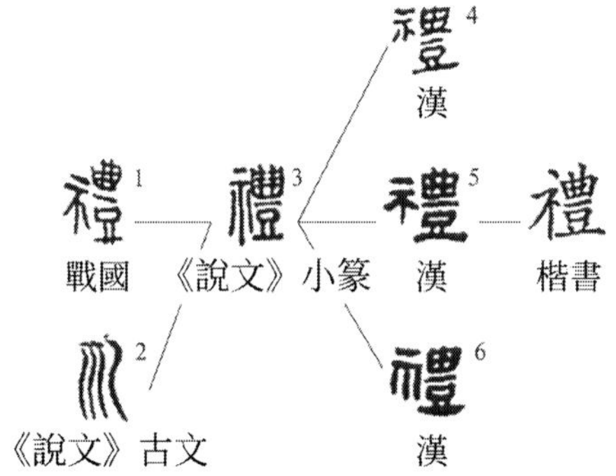

圖 2-9　「禮」的演變[11]

孔子倡導「克己復禮」，意思是克制自己，使言行舉止合乎「禮」。在生活中，「禮」貫穿一個人成長、發展的始終。「人而不仁，如禮何？人而不仁，如樂何？」（《論語．八佾》）；「興於詩，立於禮，成於樂」（《論語．泰伯》），「禮」是一個人在社會立足的根基。

三、《論語》中「禮」的現代傳承

守禮不僅能夠使個人保有尊嚴，還有助於一個人進德修業。孔子說：「君子不重則不威，學則不固。」君子只有莊重才

---

[11]　李學勤，《字源》。天津：天津古籍出版社，2012：4。

有威嚴，只要經常學習就不會固執。我們應在公眾場合舉止莊重、文質彬彬、謹慎從容，做到「非禮勿視，非禮勿聽，非禮勿言，非禮勿動」，處處合乎禮儀規範。

現代人日常倡導的禮儀主要有餐飲之禮、遊覽之禮、觀賞之禮、儀表之禮、行走之禮、言談之禮、待人之禮、儀式之禮等。

一個人在幼兒時期性情質樸，若遇長者不一定會行禮問好，但是這並不代表他不尊重長者，其只不過是不知道該如何表達尊敬之情。所以人需要學習禮，只有學會禮，才能在社會中與他人更好地相處。但學禮僅是一個開始，這個時候人多半還只是遵守禮儀規範，還沒有將規範和情感完全融會。所以我們需要不停地實踐加以鞏固，直到能將禮儀規範與內在情感完美結合，所有行為無不合於禮，也就是達到孔子所說的「從心所欲，不踰矩」的境界。這既是一個人的成長過程，也是一個人品格和道德完善的過程，是一個人從質樸的粗野之人蛻變為君子、聖人的過程，也是人類從蒙昧走向文明不可或缺的一部分。

任何民族都十分注重「禮」，它是一個人與他人和睦相處的橋梁，它代表著一個社會的文明程度，反映著一個民族的精神面貌。

拓展與精神

二十四節氣與「禮」

入選聯合國教科文組織人類非物質文化遺產代表作名錄的「二十四節氣」具有很強的紐帶性，它讓普通百姓的日常生活與傳統文化相互依存，是廟堂和民間的重要紐帶，它跨越時空，為我們建立了一種緊密的文化認同關系。在民間，二十四節氣是農耕季節的代表，以「天人合一」、「尊重自然」為依據，「斧斤以時入山林」，尊重「天地之序」，它不僅建構出典型的地域民俗文化，更蘊含著農耕文化的深厚底蘊。在士大夫層面，節氣則直接指向傳統文化，能夠充分印證中華禮樂文化的傳統。

「禮樂」乃孔子所奠定的儒家思想體系的核心價值觀念，中國傳統文化的主體內容即禮樂文化。中國古代的「禮」與「樂」始於遠古的原始崇拜。「禮」原指祭祀神靈的儀式，「樂」是音樂樂器的象徵。禮和樂是中國傳統社會的兩大基石，節氣印證著禮樂文化傳統。

《尚書．舜典》中「協時月正日，同律度量衡」的記載，可能是最早的涉及節氣的文獻，這可以說是禮樂文化的總綱，這個總綱形成了一條「禮－節氣－樂」的文化鏈，整個文化鏈內部有著嚴密的邏輯關係。節氣蘊含著禮樂文化傳統。禮文化博大精深，源遠流長。孔子說：「夏禮，吾能言之，杞不足徵也；殷禮，吾能言之，宋不足徵也。文獻不足故也。足則吾能徵之矣。」

（《論語．八佾》）孔子又說：「周監於二代，鬱鬱乎文哉！吾從周。」（《論語．八佾》）中華的禮樂文化原點在周代，「禮」和「樂」是兩條文脈，那些遵循禮樂傳統的文化才被視為正統。

第四節　「孝」的真諦為何？

名著與生活

「孝」是中華民族傳統文化的核心價值觀之一，它代表著對父母的尊敬、關愛和回報，是家庭倫理的基石。「孝」作為一種道德準則，貫穿於中國古代文化典籍，如《論語》、《孝經》等。即便時代變遷，社會發展，「孝」的核心仍然不變，且歷久彌新。一個個「孝」的故事傳遞著「孝」的精神，這種精神也讓我們的世界更加和美。

從古至今，感人事蹟有很多，華人用實際行動詮釋了什麼是真正的「孝」，讓人們看到了現代年輕人對父母的深厚情誼。

思考與聯想

你知道古人是如何孝順父母的嗎？《論語》中孔子是怎麼解說孝道的？在現代社會，我們又應該如何踐行孝道呢？什麼才是真正的「孝」？

究底與尋根

「孝」（見圖 2-13）從甲骨文字形來看，像一個孩子攙扶老人之形。古人認為「孝」就是「善事父母」，要以真誠的心對待父母，提升父母生活的幸福指數。

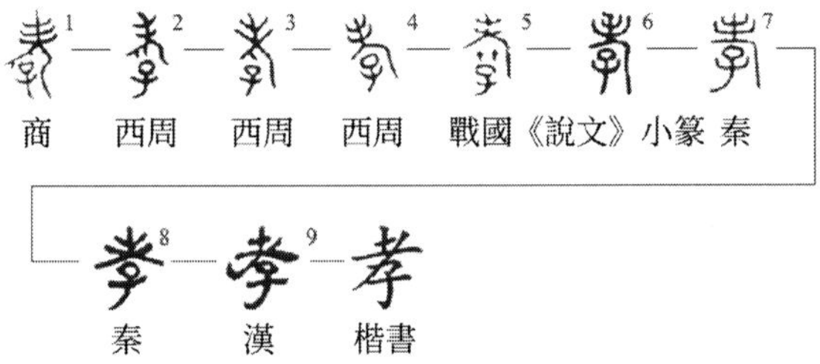

圖 2-13　「孝」的演變[12]

一、「孝」的根本：孝養父母

《論語》闡釋了「孝」的基本含義。「父母之年，不可不知也。一則以喜，一則以懼」（《論語 · 里仁》），兒女要將父母的年齡時時牢記於心，努力讓他們活得久一點，也要關注他們的身體狀況，時時刻刻掛念父母。這樣一來，才能真正體現出子女對父母的孝心。這是「孝親」。

子曰：「今之孝者，是謂能養。至於犬馬，皆能有養。不敬，何以別乎？」（《論語 · 為政》）可見，對待父母與對待犬馬的區別是，人不單要保證父母基本的吃穿住用行，更要懷著一

[12]　李學勤，《字源》。天津：天津古籍出版社，2012：742。

顆恭敬之心，孝敬父母。這是「敬親」。

「子畏於匡，顏淵後。子曰：『吾以女為死矣。』曰：『子在，回何敢死？』」（《論語・先進》）錢穆先生也曾說過：「子女以謹慎持身，使父母唯以其疾病為憂，言他物可憂。人之疾，有非己所能自主使必無。」身為子女，要愛惜自己的身體。健康成長，砥礪前行，讓父母放心、安心，自己安好是對父母的最大孝敬。這是「安親」。

從「孝親」、「敬親」到「安親」，「孝」的內涵不斷豐富。

二、「孝」的主張：提倡「悅諫」

孔子作為「孝敬」父母的積極倡導者，他充分肯定並非常重視父母在家庭中的地位，但是孔子對「孝」的理解的進步之處在於子女不能對父母盲從。「孝」是孝順但不是愚孝。孔子對於「孝」有自己獨到的見解。

「事父母幾諫。見志不從，又敬不違，勞而不怨。」（《論語・里仁》）雖然憂勞，但不抱怨，更不怨恨。

「諫」的基本內涵是以直言規勸或向別人提出合理的建議，「諫」既包括同輩、朋友之間的「諫」，也包括下對上的「諫」。「幾」，含蓄的意思，「幾諫」就是用委婉、暗示的方式表達自己內心的意見。孔子認為，身為子女，要懷有恭敬之心，面對父母所犯的錯，在感情上不要傷害他們，更不要總是埋怨父母，甚至固執地要改變父母的想法，而應該耐心地跟他們分析犯錯的原因，透過不厭其煩地分析讓他們意識到自己的錯。不能亂發脾氣或與父母發生激烈的爭吵、用一些簡單粗暴的方式解決問題。這裡蘊含著「諫爭即孝」的傳統文化，建立了一種平等對話的親子關係。兩千多年前的「孝」的思想在今天仍熠熠生輝。

三、「孝」的推廣：由小孝而大孝

孔子認為「孝」可以分為「小孝」和「大孝」。「小孝」是最基本的「孝」，其主要是對自己父母的「孝」。在做好「小孝」的基礎上，我們應致力於「大孝」，「大孝」需要突破家庭之「小家」，上升到國之「大家」，主要是指對國家的「孝」，即對國家和人民的熱愛。

具體來講，「孝」具有不同的呈現形式和邏輯層次，其中，「孝養」和「孝敬」自己的父母是最基本的表現，子女要保證父母的基本生活需求，尊敬父母，注重禮。

熱愛國家、心繫百姓則是更高層次的「大孝」。例如，孔子身邊曾經有位總管叫原思，一次孔子「與之粟九百」，他推辭不要，孔子便對他說：「毋！以與爾鄰里鄉黨乎！」（《論語·雍也》）意思是自己不要糧食，可以賙濟鄰里鄉黨中需要的人。從這個角度看，關愛他人也是一種「孝」，是「大孝」，「孝」的對象延伸到天下，惠及百姓。

「賢賢易色，事父母能竭其力，事君能致其身，與朋友交言而有信。」（《論語·學而》）孔子主張將對父母的「仁愛」推及、應用到社會關係的處理，也將之視為對待國家的態度，進而熱愛國家、忠於國家，做到「大孝」。

拓展與延伸

一、你知道古人如何行「孝」嗎？

你平時是怎麼和父母交流的？會跟父母發脾氣嗎？你知道古人用什麼態度跟父母溝通嗎？「色順辭遜，冬溫夏凊，昏定晨省」是古人平時孝敬父母的重要禮節，這也漸漸成了一種孝俗。「色順」，神態溫順；「辭遜」，語言謙和，這是告訴我們在和父母交流時語氣要平緩。「冬溫夏凊」是就全年而言，子女要保證父母冬天感到溫暖，夏天感到清涼，既不能挨凍，又不能受熱；「昏定晨省」是就一天而言，子女每天早晨要探望、問候父母，恭敬地請安。晚上也要去探望請安，直到天色將黑時，父母就寢，自己才可休息。「昏」，天色將黑時；「省」，看望探望、問候請安。

這一孝俗在現代則表現為我們在與父母交流時，要始終保持和顏悅色，語氣謙遜有禮。無論工作多忙，我們都不要忘記給予父母一個溫暖的微笑、一句親切的問候。我們要懂得傾聽他們的心聲、尊重他們的意見，讓他們感受到我們的尊重和關愛。我們要隨時關注父母的生活需求，確保他們在寒冷的冬天有溫暖的衣物和舒適的住所，在炎熱的夏天有清涼的環境和適宜的飲食。我們要關心他們的身體健康，定期帶他們去醫院檢查，確保他們身體健康、精神愉快。

我們日常的工作學習可能很忙，因此我們更要向父母報平安，讓他們安心入睡。早晨起床後，我們也應當第一時間向父母問好，詢問他們的身體狀況和心情。這種日復一日的關心與陪伴，能讓父母感受到我們的孝心和愛意。

總之，在現代社會，孝敬父母的方式雖然多種多樣，但「孝」的核心精神始終未變。我們要隨時關注父母的需求和感受，用我們的行動和言語表達我們對他們的愛和尊重，讓父母感受到我們的孝心和關愛。

二、孝的故事，打動人心

狄仁傑從小喜愛讀書，專心刻苦。父親去世後，他非常悲痛，於是把全部孝心放在母親身上，每天問候請安、侍奉飲食。他步入官場後，不得不離開母親，他日夜思親，魂牽夢縈。狄仁傑後來從汴州參軍改任并州法曹參軍，赴任途中行經太行山，他站在山上，遙望母親所住的河陽方向，但見長空遼闊，白雲孤飛，不由黯然神傷，說：「我娘就在那片白雲下面啊！」他雙眼含淚，站在那裡望了很久很久，直到白雲消失，才又上路。

武則天稱帝，狄仁傑以其傑出的才幹兩次出任宰相，竭誠輔佐女皇。武則天晚年，在立兒子還是立姪兒為太子的問題上舉棋不定。關鍵時刻，狄仁傑用母子親情，用一個「孝」字，為女皇解決了疑難，他說：「太子，天下本，本一搖，天下危矣。姑姪和母子，孰疏孰親？陛下立親子為太子，則千秋萬歲後常享宗廟；若立姪兒為太子，宗廟可不祔姑母啊！」武則天因此決定，召回被廢黜的兒子李顯，並立其為太子。此舉使李唐王朝的江山得以傳承和延續，為後來盛唐的繁榮打下了基礎。

遷移與小試

我們雖然能力有限，但在日常生活中也可以做到以下幾點來踐行孝道。

尊重與傾聽：尊重父母的意見和決定，即使自己有不同的看法，也要以尊重的態度表達。同時，聆聽父母的分享和教導，這不僅是自身學習的機會，更是對父母的尊重。

分擔家務：主動承擔一些家務勞動，如打掃環境、洗碗、做飯等。這不僅可以減輕父母的負擔，還能培養自己獨立生活的能力。

關心父母的身體：注意父母的身體狀況，提醒他們按時吃藥、定期檢查。在寒冷的冬天，可以為他們準備熱茶或暖水袋；在炎熱的夏天，可以為他們準備一些清涼解暑的食物。

陪伴與交流：在忙碌的學習之餘，抽出時間陪伴父母，與他們聊天、散步或一起看電影。這可以讓父母感受到自己的陪伴和關愛。

表達愛意：適時地向父母表達自己的愛意和感激之情，如說一句「我愛你」、「謝謝你」等。這可以讓父母感受到自己的愛和關心。

子曰：「事父母幾諫。見志不從，又敬不違，勞而不怨。」（《論語・里仁》）

子貢問友。子曰：「忠告而善道之，不可則止，毋自辱焉。」（《論語・顏淵》）

從這兩則章句中可以看出孔子在勸告父母和朋友方面體現了怎樣的原則？請結合以上所學所悟談談你的想法。

第五節　「勇」的意涵為何？

思考與聯想

古往今來，勇敢的人有很多，人生之路有順遂也有艱辛，他們可能屢次受挫，痛苦掙扎，身心俱疲，但他們依然不輟夢想、不言放棄。那麼，是什麼力量讓他們如此勇敢果決，甚至奮不顧身呢？

究底與追根

「勇」之演進

探尋古往今來「勇者之勇」的動力之源，首先要從了解「勇」字的不同寫法說起。「勇」字是上面一個「甬」字，下面一個「力」字，古代「甬」和「湧」通用，表示元氣升騰，如泉水從地下湧出，下面的「力」字古文寫作「心」字，即「恿」，古文「恿」從心。

從「勇」字的甲骨文寫法來看，字的外形象一隻鳥，下面是一顆心，心是先天元氣，元氣是天地之心，鳥則是太陽鳥，太陽鳥引導著元氣升降，古人認為「氣之所至，力亦至」，因此後來勇字下面的「心」字換成了「力」。

歷代學者對「勇」字的解讀不同，東漢許慎在《說文解字》中對「勇」（見圖 2-17）的解釋是「勇，氣也。從力甬聲」。古文「恿」從心。氣之所至，力亦至焉；心之所至，氣乃至焉。「勇」字本義為果敢、膽大。「勇」字的演進如圖 2-18 所示。

勇 ㄩㄥˇ 喻紐、東部；以紐、腫韻、余隴切。

圖 2-17 「勇」[13]

[13] 李學勤，《字源》。天津：天津古籍出版社，2012：1211。

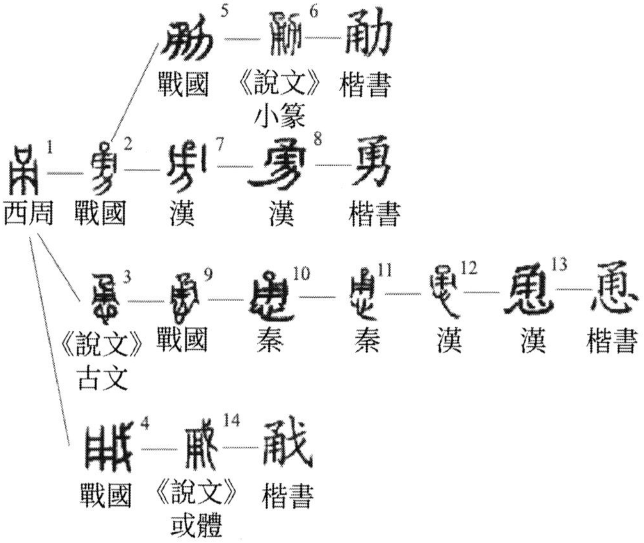

圖 2-18　「勇」的演變[14]

清代訓詁學家段玉裁在《說文解字注》中把「勇」字解釋為「一種能激發人行動的氣」。《現代漢語詞典》對「勇」字的解釋是「勇敢」。我們再來縱向梳理《論語》中關於「勇」字的論述，並作出評析。

●原文　2.24 子曰：「非其鬼而祭之，諂也。見義不為，無勇也。」

○譯文　孔子說：「不祭祀自己的祖先，那是獻媚。見到該做的事而不做，那是沒勇氣。」

[14]　同 16：1212。

○**評析**　「見義勇為」是君子應該具有的美德，如果「見義不為」，便是不仁不義。孔子在這裡探討了「勇」和「義」的關係。

●**原文**　8.2 子曰：「恭而無禮則勞，慎而無禮則葸，勇而無禮則亂，直而無禮則絞。君子篤於親，則民興於仁，故舊不遺，則民不偷。」

○**譯文**　孔子說：「恭敬而不知禮，就是徒勞；只知謹慎卻不知禮，便會膽怯；只是勇猛卻不知禮，就會莽撞作亂；心直口快卻不知禮，便會刻薄。君子用深厚的感情對待自己的親族，民眾中則會興起仁德的風氣；君子不遺忘、背棄他的老朋友，百姓就不會對人冷漠淡然了。」

○**評析**　恭敬、謹慎、勇敢、直率是美好的德行，但是勇敢卻不守禮就會擾亂社會秩序。孔子在這裡強調了「勇」和「禮」的關係。

●**原文**　8.10 子曰：「好勇疾貧，亂也。人而不仁，疾之已甚。亂也。」

○**譯文**　孔子說：「喜歡勇敢卻厭惡貧困，是一種禍害。對不仁的人過於厭惡，也是一種禍害。」

○**評析**　儒家倡導以禮來規範人的行為，其具有正向的引導作用，但要恰到好處，孔子在這裡強調了「勇」和「中庸」的關係。

●**原文**　14.4 子曰：「有德者，必有言。有言者，不必有德。仁者，必有勇，勇者，不必有仁。」

○**譯文**　孔子說：「有德的人一定有好的言論，但有好言論的人不一定有德。仁人一定勇敢，但勇敢的人不一定有仁德。」

○**評析**　勇敢只是仁德的一個方面，除勇敢外，君子還需要多方面的修養。孔子在這裡闡釋了「勇」和「仁」的關係。

●**原文**　14.28 子曰：「君子道者三，我無能焉：仁者不憂，知者不惑，勇者不懼。」子貢曰：「夫子自道也。」

○**譯文**　孔子說，「君子追尋的三個境界，我都沒達到：仁德的人不憂愁，智慧的人不迷惑，勇敢的人不懼怕。」子貢說：「這是老師對自己的描述啊。」

○**評析**　判斷一個人是否為君子的三條標準是「仁、智、勇」。孔子在這裡暗示了「勇」、「智」、「仁」三者的關係。

●**原文**　17.8 子曰：「由也，女聞六言六蔽矣乎？」對曰：「未也。」「居！吾語女。好仁不好學，其蔽也愚；好知不好學，其蔽也蕩；好信不好學，其蔽也賊；好直不好學，其蔽也絞；好勇不好學，其蔽也亂；好剛不好學，其蔽也狂。」

○**譯文**　孔子說：「仲由！你聽過六種品德和六種弊病嗎？」子路回答說：「沒有。」孔子說：「坐！我告訴你。愛好仁卻不愛好學習，它的弊病是愚蠢；愛好聰明而不愛學習，它的弊病是放蕩不羈；愛好誠信而不愛好學習，它的弊病是容易被人利用；愛好直率而不愛好學習，它的弊病是說話刻薄；愛好勇敢而不愛好學習，它的弊病是容易闖禍；愛好剛強卻不愛好學習，它的弊病是狂妄。」

○評析　孔子從六種品德和六種弊病的角度談學習的重要性，並指明了「勇」和「學」的關係。

●原文　17.23 子路曰：「君子尚勇乎？」子曰：「君子義以為上。君子有勇而無義為亂，小人有勇而無義為盜。」

○譯文　子路說：「君子崇尚勇敢嗎？」孔子說：「君子把義看作最尊貴的。君子有勇無義就會作亂，小人有勇無義就會偷盜。」

○評析　孔子並不排斥勇，但也不無原則地提倡，其指明了有勇無義的後果，孔子再次強調了「勇」和「義」的關係。

●原文　17.24 子貢曰：「君子亦有惡乎？」子曰：「有惡：惡稱人之惡者，惡居下流而訕上者，惡勇而無禮者，惡果敢而窒者。」曰：「賜也亦有惡乎？」「惡徼以為知者，惡不孫以為勇者，惡訐以為直者。」

○譯文　子貢問：「君子也有憎惡的人或事嗎？」孔子說：「有，憎惡宣揚別人過錯的人，憎惡居下位而毀謗居上位的人，憎惡勇敢而失禮儀的人，憎惡果敢而一意孤行的人。」孔子問：「賜，你也有憎惡的人和事嗎？」子貢說：「我憎惡抄襲他人之說卻自以為明智的人，憎惡把不謙遜當作勇敢的人，憎惡揭發別人的隱私卻自以為直率的人。」

◯評析　孔子界定了「勇敢」和「謙遜」的概念，從反面論述了「勇」和「禮」的關係。

《論語》比較全面地闡釋了「勇」的內涵和外延，可以看出，孔子認為「勇」不是孤立存在的，「勇」需要「仁」、「禮」、「義」的制約，「勇」需要「智」、「學」的加持。只有真正理解「勇」，我們才能夠更好地立身行事。

拓站與延伸

一、「仁、智、勇」並稱

在《論語．子罕》篇中，孔子對君子三種品德的界定是：「知者不惑，仁者不憂，勇者不懼。」他把「仁、智、勇」並稱，其實「仁、智、勇」並稱在很多歷史文獻中都被提及過，《國語．晉語六》中引述了郤至的話，「至聞之：『武人不亂，智人不作，仁人不黨。』夫利君之富，富以聚黨，利黨以危君，君之殺我也後矣。」意在說明有武力的人不作亂，有智慧的人不狡詐，講仁義的人不結黨。

《國語．晉語二》中太子申生也說，「吾聞之：『仁不怨君，智不重困，勇不逃死』。」意在說明仁愛的人不怨恨君主，聰明的人不受雙重困擾，勇敢的人不逃避死亡。

《國語．周語》：「夫仁、禮、勇，皆民之為也。以義死用謂之勇，奉義順則謂之禮，畜義豐功謂之仁。」《史記．平津侯主父列傳》有「智，仁，勇，此三者天下之通德」的說法。

主張「性善論」的孟子與主張「性惡論」的荀子雖然從不同的方向發展了孔子的儒學，但他們在勇德的看法上卻基本保持一致，強調「勇」不是一腔孤勇，而是需要「仁、義、禮、智、學」的節制。荀子又把「勇」進行了細化，「有狗彘之勇者，有賈盜之勇者，有小人之勇者，有士君子之勇者」。孟子也把「勇」分為「大勇」和「小勇」。他們的終極目標殊途同歸，都指向人人向善。

二、「三達德」

《禮記．中庸》中提到，「知仁勇三者，天下之達德也。」三達德即「智」、「仁」、「勇」三大品行。

《中庸》：「天下之達道五，所以行之者三。曰：君臣也，父子也，夫婦也，昆弟也，朋友之交也，五者，天下之達道也。知仁勇三者，天下之達德也，所以行之者，一也。或生而知之，或學而知之，或困而知之，及其知之，一也；或安而行之，或利而行之，或勉強而行之，及其成功，一也。子曰：『好學近乎知，力行近乎仁，知恥近乎勇。知斯三者，則知所以修身；知所以修身，則知所以治人；知所以治人，則知所以治天下國家矣。』」這段話為「勇」找尋了一條出路，不論是修身，還是治國理政，知道恥辱、不懼危難，就接近勇敢了。

遷移與小試

子謂顏淵曰：「用之則行，捨之則藏，唯我與爾有是夫！」子路曰：「子行三軍，則誰與？」子曰：「暴虎馮河，死而無悔者，吾不與也。必也臨事而懼，好謀而成者也。」（《論語·述而》）

孔子認為，赤手空拳和老虎搏鬥、徒步涉水過河、至死不悔的人，「吾不與也」，透過上述對「勇」的內涵的分析以及「勇」與「仁、智」的關係的闡釋，你能否為孔子的「吾不與也」找到依據？

司馬牛問君子。子曰：「君子不憂不懼。」曰：「不憂不懼，斯謂之君子已乎？」子曰：「內省不疚，夫何憂何懼？」（《論語·顏淵》）

有人用孔子答司馬牛的「內省不疚」解釋「君子不憂不懼」，認為這是著眼於內在生命的思考，你是否贊同？請說出你的理由。

第六節　「詩」、「樂」有什麼力量？

名著與生活

近幾年，國學活動持續升溫，很多學校開展吟誦《論語》、《詩經》等國學典籍活動，甚至家校合作，走進歷史遺跡。學校對於經典文化的關注和熱愛充滿了儀式感，旨在讓傳統文化浸潤孩子的心靈。國學的興起是一次傳統文化的回歸，也是當下人們對傳統文化的認同。

思考與聯想

那麼，國學為什麼在當下被重新提起並受到越來越多人的重視呢？「詩」與「樂」究竟有怎樣震撼人心的力量？為什麼孔子「在齊聞韶（見圖 2-21），三月不知肉味」呢？

圖 2-21　孔子聞韶處碑

究底與尋根

一、學《詩》立言

在《論語．泰伯》中孔子這樣評價「詩」與「樂」，「興於詩，立於禮，成於樂」。對青年學子來說，讀《詩經》可以激發上進心，學禮可以成為立身的根本，掌握音樂可以達成教化的目的。「詩、禮、樂」是立志、修身、治學、處世、教育的重要內容，沿著「詩、禮、樂」的方向完善自我才是人生正途。「詩」可以感動人心、啟迪心智、陶冶性情、頓悟人生的真諦；「禮」能約束和規範人的行為、健全人格；「樂」作為最後一個步驟則在樂曲中使修身、求知順利完成，使人格得以完善，不斷走向成熟。

孔子談《詩》的時候，常將其與「興」緊密相連，如《論語．陽貨》篇，「小子！何莫學夫詩？詩，可以興，可以觀，可以群，可以怨。邇之事父，遠之事君，多識於鳥獸草木之名」。可見，學《詩》可以指導為政、增進交流、促進身心健康、協調人際關係、獲取並增長知識、培養觀察力和聯想力以及邏輯思維等，其有諸多益處。

《中庸》也說：「天命之謂性，率性之謂道，修道之謂教。」闡述了人性的根源，以及其與道德和修行的關係。人性是人的天命本性，依循本性才是正途，修行教化可以提升人的道德修養。

我們再以《論語》裡與《詩》相關的語句加以印證，透過評析加深對學《詩》的意義的理解。

●原文　1.15 子貢曰：「貧而無諂，富而無驕，何如？」子曰：「可也。未若貧而樂，富而好禮者也。」子貢曰：「《詩》云：

『如切如磋，如琢如磨。』其斯之謂與？」子曰：「賜也，始可與言《詩》已矣！告諸往而知來者。」

◯**譯文** 子貢說：「貧窮卻不阿諛奉承，富貴卻不驕傲自大，怎麼樣？」孔子說：「可以了，但不如貧窮卻樂於道，富貴卻謙虛好禮。」子貢說，「《詩經》上說：『這就像骨、角、象牙、玉石等的加工一樣，先開料，再粗銼，細刻，磨光。』對吧？」孔子說：「賜呀，現在可以同你討論《詩》了。告訴以往的事，你能舉一反三了。」

◯**評析** 孔子充分肯定了《詩經》中關於一個人精益求精做事，對貧富安之若素的品德修養的描述。

●**原文** 2.2 子曰：「《詩》三百，一言以蔽之，曰『思無邪』。」

◯**譯文** 孔子說：「《詩經》有三百多篇，用一句話概括就是思想純正。」

◯**評析** 孔子在這裡強調了《詩經》的教化作用。

●**原文** 3.8 子夏問曰：「『巧笑倩兮，美目盼兮，素以為絢兮。』何謂也？」子曰：「繪事後素。」曰：「禮後乎？」子曰：「起予者商也！始可與言《詩》已矣。」

◯**譯文** 子夏問道：「『輕盈的笑臉多美，黑白分明的眼睛多明媚，像在潔白的質地上畫著美麗的圖案。』什麼意思呢？」孔子說：「先有白色底子，然後在上面畫畫。」子夏說：「禮儀是在有了仁德之心之後才產生的？」孔子說：「能夠給我啟發的是卜商啊！可以開始和你談《詩經》了。」

◯**評析**　孔子強調了外表的禮節儀式與內心的真實情感的統一性。

●**原文**　7.18 子所雅言，《詩》、《書》、執禮，皆雅言也。

◯**譯文**　孔子讀《詩經》、《尚書》和執行禮事，都用雅言。

◯**評析**　孔子強調了用正音雅言讀《詩經》的重要性。

●**原文**　13.5 子曰：「誦詩三百，授之以政，不達；使於四方，不能專對；雖多，亦奚以為？」

◯**譯文**　孔子說：「熟讀《詩經》三百篇，交給他政務，辦不成；派他出使外國，又不能獨立應對。雖讀書多，但是有什麼用處呢？」

◯**評析**　孔子以例證的形式論述了學以致用的意義和價值。

●**原文**　16.13 陳亢問於伯魚曰：「子亦有異聞乎？」對曰：「未也。嘗獨立，鯉趨而過庭。曰：『學詩乎？』對曰：『未也。』『不學詩，無以言。』鯉退而學詩。他日又獨立，鯉趨而過庭。曰：『學禮乎？』對曰：『未也。』『不學禮，無以立。』鯉退而學禮。聞斯二者。」陳亢退而喜曰：「問一得三，聞詩，聞禮，又聞君子之遠其子也。」

◯**譯文**　陳亢問伯魚：「你在老師那裡得到不同的教誨嗎？」伯魚回答說：「沒有。他曾一個人站在那裡，我快步走過庭前，他說：『學詩了嗎？』我回答說：『沒有。』他說：『不學詩就不會說話。』我退回後學詩。另一天，他又獨自站著，我快步走過，他問：『學禮了嗎？』我說：『沒有。』他說：『不學禮，就沒法立身處世。』我就馬上學禮。我只聽到的是這兩次教誨。」陳亢回去後高興地說：「問一件事，知道了三件事，知道要學詩和禮，又知道君子不偏私他的兒子。」

〇**評析**　孔子以身作則，對學生一視同仁，重視學詩和學禮。

二、賞「樂」怡心

從以上孔子對《詩經》的敘述中不難看出，《詩經》與儒家的仁、禮、樂緊密相連。如果說《詩經》是華人遙遠的精神故鄉，那麼「樂」帶給我們的則是穿越時空的精神力量，傾聽雅樂能讓我們修心養性。在孔子對「樂」的闡釋中，「樂」除了可以調節人的情緒、彰顯人的審美品味，還可以應用於社交、禮儀和祭祀之中，即「社交樂」、「儀式樂」、「祭祀樂」。因此「樂」不僅具有藝術性，還具有道德性。當然，《論語》中的「樂」是以「仁」為基礎的，其不能脫離「仁」單獨存在。「樂」與禮、義等儒家要旨要一起才能夠發揮完善人格的作用。

（一）「樂」的演進

樂，甲骨文 （絲）（木），字形象木上繫著絲線的琴具，本義是一種弦樂器；有的金文加了「」（白，說唱），強調

彈琴伴奏；至此「樂」（ㄩㄝˋ）還總指音樂。

《論語．學而》中有「有朋自遠方來，不亦樂乎」的句子，這裡由讀音（ㄩㄝˋ）引申到讀音（ㄌㄜˋ），含義是「快樂的」。由此，「樂」由樂器、音樂或與音樂相關的動作演變成一種情感體驗。

(二) 樂學

「子與人歌而善，必使反之，而後和之。」（《論語．述而》）孔子注重生活的藝術化，透過唱歌足見孔子樂善無窮的心懷。《論語．述而》中孔子還提到，「其為人也，發憤忘食，樂以忘憂，不知老之將至云爾」。他說自己發奮用功到連吃飯都忘了，快樂得忘記了憂愁，不知道衰老將要到來。孔子快樂的泉源不是苦學，而是在獲取知識的過程中感受到快樂。「學習」除了怡然自樂，還能帶給他人快樂，在煩擾的世事之中，「學習」可以沖淡煩惱、蘊藉心靈。於是，孔子之「樂」，不是一味地享樂，而是汲取知識、艱辛努力後獲得的快樂，這是儒家一種昂揚向上的生命姿態。

(三) 樂道

「樂」不僅具有藝術性，還具有道德性。在《論語．陽貨》中孔子感嘆，「禮云禮云，玉帛云乎哉？樂云樂云，鐘鼓云乎哉？」禮，僅是禮器嗎？樂，僅是樂器嗎？孔子針對世風拷問禮樂的本質。徐幹在《中論》中也談到，「陳籩（ㄅㄧㄢ）豆、置尊俎（ㄗㄨˇ）」、「非禮樂之本也」。擺放禮器等技藝不是禮樂的根本。

1. 完善人格

在《論語．八佾（ㄧˋ）》中孔子說：「人而不仁，如禮何？人而不仁，如樂何？」做人如果沒有仁德，怎麼對待禮儀制度呢？如果沒有仁德，又怎麼對待音樂呢？孔子認為禮樂應以仁德為本。

在《論語．憲問》中子路問成人。子日：「若臧武仲之知，公綽之不欲，卞莊子之勇，冉求之藝，文之以禮樂，亦可以為成人矣。」這是孔子關於完美人格的一段論述，孔子認為一個人有智慧、不貪求、勇敢、有才藝，再用禮樂增加文采，可以稱得上完人。加冠成人，就意味著為自己負責，就要不斷修養道德，完善自己的人格。

2. 盡善盡美

《論語．八佾》中孔子認為〈韶〉樂「盡美矣，又盡善也」，認為〈武〉樂「盡美矣，未盡善也」。〈韶〉樂曲的旋律和內容都好，〈韶〉樂有道德基礎。〈武〉樂的樂曲雖美，內容卻是歌頌武王滅商功績，不夠盡善盡美。孔子追求的是一個完美、和平的理想社會，所以「子在齊聞韶，三月不知肉味」。〈韶〉樂是讚美舜的樂章，孔子具有很好的音樂素養和極強的音樂鑑賞力，「不圖為樂之至於斯也」，他從〈韶〉樂中受到了教化。「子之武城，聞弦歌之聲」，子游身為武城的邑宰，用禮樂教化民眾，弦歌不輟。同時，《禮記·曲禮》中的「樂不可極」也告誡我們「樂」（ㄌㄜˋ）是需要被約束的。

拓展與延伸

一、「興、觀、群、怨」說

孔子「興、觀、群、怨」的觀點被引入文學批評，成為文藝理論的「興、觀、群、怨」說。

文學層面：哲學家李澤厚認為「興、觀、群、怨」一直是中國傳統文藝批評理論中的原則之一，「怨」為後世各種哀傷怨憤之情找到了發洩的理論依據。但「溫柔敦厚」、「怨而不怒」的儒家倫理又嚴重約束了「怨」的真正發展，中國文學創作中少狂歡、少浪漫，多衝淡平和。

社會層面：孝與忠，「事父、事君」是人的基本倫理道德。

自然層面：多識於鳥獸草木之名。

錢穆先生認為，「詩尚比興，多就眼前事物，比類而相通，感發而興起。故學於《詩》，對天地間鳥獸草木之名能多熟識，此小言之。若大言之，則俯仰之間，萬物一體，鳶飛魚躍，道無不在，可以漸躋於化境，豈止多識其名而已。」[15]

「興」強調形象性，強調用藝術的形象感動人心，「觀」強調想像性，「群」強調人際交往的重要性，「怨」強調情感性。

[15]　錢穆，《論語新解》。武漢：長江文藝出版社，2020：392。

二、孔子文論的獨特性

孔子在兩千多年前對情感做的界定成為中國文學史情感發展的淵源和方向，孔子把他的藝術觀看成實現仁學的一個手段，在他看來，審美的情感是一種道德情感，這種情感以審美為前提，始終在審美的範疇內，是有限制的情感。

孔子的文論更強調個體與社會的和諧統一，因此，文學雖有目的性，但我們也能從中看到美。與之相比，西方文論更強調思辨精神。此外，孔子的文論更強調內心的自省，而西方文論重視對外界的觀察。

孔子美學從個體的感性心理同社會的理性道德規範統一之中尋找美。他把美與現實的人類日常生活結合起來，認為美存在於現實中。

遷移與小試

(1)子曰：「《詩》三百，一言以蔽之，曰『思無邪』。」(《論語‧為政》)

(2)陳亢問於伯魚曰：「子亦有異聞乎？」對曰：「未也。嘗獨立，鯉趨而過庭。曰：『學詩乎？』對曰：『未也。』『不學詩，無以言。』鯉退而學詩。」(《論語‧季氏》)

(3)子曰：「小子！何莫學夫詩？詩，可以興，可以觀，可以群，可以怨。邇之事父，遠之事君。多識於鳥獸草木之名。」

（《論語·陽貨》）

（4）子曰：「誦詩三百，授之以政，不達；使於四方，不能專對。雖多，亦奚以為？」（《論語·子路》）

孔子非常重視《詩經》的作用，他認為學好《詩經》可以幫助人們解決政治、外交、修身、表達等許多問題。孔子認為《詩經》三百篇皆「思想純正」之作，並反覆強調學《詩》的重要性。在第四則語錄中，孔子對《詩經》作用的理解與其他語錄是否一致？請說出你的理由。如果用四字詞語概括這則語錄，它反映出孔子怎樣的學習觀？

第七節　「中庸之道」為何？

名著與生活

生活如同一幅絢麗的畫卷，交織著喜怒哀樂、起伏跌宕。在這無常的旅途中，人們常常尋求一種指引，一種在複雜紛繁中找到平衡、在喧囂中保持寧靜的方式。「中庸」被儒家奉為至高的道德準則，它提供了一條通向和諧人生的道路。

思考與聯想

你知道古人是怎麼踐行中庸之道的嗎？在現代社會，保持「中庸」是否還有意義？古代的儒家又是如何闡釋中庸之道的呢？

究底與尋根

「中庸」最早見於《論語》。孔子說：「中庸之為德也，其至矣乎！民鮮久矣。」「中庸」一詞，由「中」和「庸」組成。這裡的「中」既不是表示空間的名詞重心、核心，也不是表示行為動作的動詞命中，也不完全是表示時間含義的形容詞適時，而主要是表達人的行為內容的形容詞，即中正、正確、得當。這是「中庸」之「中」的本義，也是上古尚中思想的原義。「庸」據東漢鄭玄、三國何晏解，應為「常道」，即對待自然、社會、人生的準則。「中」與「庸」合用表示「中庸」，其含義為：正確得當是人理解和處理問題的根本要求。因此「中庸」絕不是無原則的調解或折中。

一、中庸的核心：和諧

中庸強調在處理問題時要找到正確的點，以確保事物之間的平衡和協調。和諧代表著事物間的穩定關係，但中庸是一種實現和諧的思想方法。

為了保證處理問題的正確性，中庸需要研究事物的關係。

事物要達到和諧，它的各部分、各方面之間就必須保持一種確定的關係，這種關係就規定了它們各自所應有的「分寸」。和諧本身就是對失和、失衡、失序、失度等不良狀態和錯誤傾向的否定，表明和諧具有對正確性進行追求的本性。此外，各種相異的要素之所以能夠相「和」，並不是盲目的、混亂無序的拼湊與混合，也不是無原則的調和與苟合，而必須以某種正確性為其內在的標準，中庸所要達到的正確性則提供了這種客觀的標準和恰當的方法，使事物的各個部分和各個方面都能達到「中」的狀態，都能在有分寸的規範下健康地運動和發展，從而才能使事物實現總體上的和諧。總之，「和」作為關係結構體現事物的表層狀態，「中」作為理性精神內藏於事物深層之中。「和」是「中」的目標和結果，「中」是「和」的前提、靈魂和保證。無「中」便無「和」，求「和」需要「中」，「中」與「和」是相互連繫、相互依存的，和諧便是「中」與「和」有機結合的統一體。所以，儒家講和諧必講中庸，「中也者，天下之大本也；和也者，天下之達道也」。

總體而言，中庸是一種以和諧為核心、以適度和平衡為準則，最終實現內外和諧關係的思想。

二、中庸的基本要求：恰到好處

中庸並非指折衷主義或平庸，而是一種哲學理念，主張在處理問題時平衡各種因素，找到最佳的解決方案。這種平衡點不是隨意的，而是需要綜合考慮各種因素，如道德、情感、理智等，並在此基礎上做出適當的決策。恰到好處的中庸要求既不過分激進，也不過分保守，是一種追求平衡、公正和道德的生活方式。同時，中庸也強調在處理問題時需要真誠地面對自己的感受和信念，遵守道德原則，避免出於個人利益或偏見而做出不公正的決策。因此，恰到好處的中庸是一種高尚的道德境界，也是我們在日常生活中應該追求的一種生活態度。

三、中庸的實踐：博學審問，慎思篤行

中庸實踐的全面性體現在「博學之，審問之，慎思之，明辨之，篤行之」的整體性要求之中。「博學之」是廣博地學習，「審問之」是深刻地思考，「慎思之」是謹慎地追問，「明辨之」是對事物的功過、得失、進退有明晰的了解。學、問、明、辨都是知識論，都是求知的方式。篤，堅定不移地、踏踏實實地；行，就是實踐。「篤行之」就是把學來的、審問的、慎思的、明辨的真知灼見，都置於天下的實踐中。只有在知行合一中，人才可以把自己的所知推廣至世人，才可以使自己獨善的東西兼善天下。

君子重視知行合一。「博學之，審問之，慎思之，明辨之」都屬於知識論，只有篤行才可以把自己的知識轉變為實踐。孔子說：「君子恥其言而過其行。」（《論語・憲問》）君子應該言行一致、表裡如一。真正的中庸之道就是日常生活中的一種平淡、一種優雅，甚至一種沉默寡言的形象。在這個意義上，「子不語怪，力，亂，神」（《論語・述而》）。那些很怪的、殘暴

的、混亂的、神乎其神的東西，他都不談。孔子專注的事情是人間的事情，如人和人之間的平等、生命之中的樸素的人我交往。真正的君子應泯滅是非之心、名利之心、誇張之心以及過分作秀之心，而回歸平常心，不爭不鬥，不喜不厭，無生無死之憂，不知老之將至，這才是孔子要堅守的中庸之道，才是君子應該達到的境界。

拓展與延伸

舜帝秉持中庸之道

舜帝是中國古代一位聖明的君主，他是踐行中庸之道的典範。

舜帝在位期間，他秉持中庸之道，以公正的態度治理國家，深受百姓的愛戴。

舜帝在繼承帝位之前經歷了種種考驗和磨礪。他的父親瞽叟和繼母對他非常不公正，經常陷害他，但舜帝始終保持著內心的平和與真誠。他不僅對父母盡孝，還盡力去感化他們，最終使父母改變了對他的態度。這種真誠和包容的態度，正是中庸之道所倡導的。

在治理國家方面，舜帝也展現出了中庸的智慧。他注重選拔賢能之士，傾聽各方意見，平衡各方利益，使國家得以安定和繁榮。他遵循天道、順應自然，不過度干預，也不過於放任，使社會和諧有序。

遷移與小試

中庸的基本要求是恰到好處，強調在行為和思想中追求適度和平衡。現代人踐行中庸之道對我們應對當下快節奏的生活，緩解壓力，無疑具有重要意義。我們現在可以從以下具體的形而下的方面做起，慢慢實踐中庸之道。

平衡工作與生活：在職業和個人生活之間尋找平衡是現代人常常面臨的挑戰。追求中庸，需要合理規劃工作時間，確保有足夠的休息和娛樂時間。不過分追求事業的成功，也不忽視個人生活的重要性。

管理情緒：中庸提倡在情感表達中保持適度，既不過於激動，也不過於冷靜。現代人面臨各種壓力和挑戰，要學會有效管理情緒，以保持內在的平衡和穩定。

處理人際關係：中庸強調在人際交往中要保持適度的疏離和親近。在現代社會中，人際關係複雜多樣，我們要學會妥善處理與他人的關係，既不過於疏離，也不過於依賴，保持適度的親密度。

適度的自律：中庸鼓勵適度的自律，即避免過度的縱容和過度的苛刻。現代人在追求個人發展的同時，需要建立適當的自律機制，既不沉溺於過度的自由，也不被過度的束縛困擾。

追求知識與智慧：中庸提倡追求恰到好處的知識和智慧。現代社會資訊爆炸，我們要選擇有益的知識，不盲目追求過多資訊，要注重對知識的深度理解和應用。

關注健康：中庸強調身體與心靈的平衡。現代人應當注重保持良好的生活習慣，包括適度的運動、均衡的飲食和足夠的休息，以促進身體和心理的健康。

總體而言，現代人要做到中庸，需要在各個方面追求適度和平衡，注重合理的規劃和自我管理。這樣能夠更好地適應快速變化的社會環境，提升生活品質，實現全面發展。

子貢問：「師與商也孰賢？」子曰：「師也過，商也不及。」曰：「然則師愈與？」子曰：「過猶不及。」（《論語．先進》）

子曰：「質勝文則野，文勝質則史。文質彬彬，然後君子。」（《論語．雍也》）

兩則語錄反映了孔子怎樣的思想？請結合《論語》中的相關章句及生活實際簡要分析。

第三章

《論語》中的君子之道

本章就像一張藏寶圖，將帶領我們深入了解孔子的言論，特別是他強調的「少說多做」的道理。透過《論語》這把鑰匙，我們能發現孔子對言行一致、信守承諾、見義勇為的重視，以及他對如何在各種情況下做出正確選擇的獨到見解。

此外，我們還能回到古代，看看孔子如何評價管仲，我們也能從中學到一些識人的小技巧。這不僅僅是古代的智慧，更是現代人為人處世的技巧。

本章透過一系列有趣的歷史故事和現實生活中的例子，鼓勵我們不僅要學習孔子的思想，更要把它們用在成為更好的自己和建構更和諧的社會方面。所以，讓我們一起來挖掘這份寶藏，用古人的智慧來升級我們的思考方式和言行準則吧！

第一節　孔子眼中的言行休養

思考與聯想

當下人們的交往越來越頻繁，管道越來越多，速度越來越快。在這個利己主義盛行的時代，我們需要學習如何做到頭腦清醒、站穩腳跟；如何找到自己事業上的合作夥伴、生活上的親密朋友；如何在迎來送往中辨識誰才有真才實學；如何看出誰是真朋友。對此你有沒有思考過？下面讓我們不妨在孔子那裡汲取智慧，遠離華而不實、誇誇其談者，真正做到有自知之明。

究底與尋根

說到誇誇其談，我們先看孔子的「言論」。

宰予晝寢。子曰：「朽木不可雕也，糞土之牆不可圬也，於予與何誅？」子曰：「始吾於人也，聽其言而信其行；今吾於人也，聽其言而觀其行。於予與改是。」（《論語・公冶長》）

宰予白天在睡覺，孔子說：「腐爛的木頭不可以雕刻，用髒土壘砌的牆面不堪塗抹！對於宰予這樣的人，還有什麼好責備的呢？」又說：「起初我對於人，聽了他說的話就相信他的行為；現在我對於人，聽了他說的話卻還要觀察他的行為。這是由於宰予的事而改變的。」

孔子曰：「侍於君子有三愆：言未及之而言謂之躁，言及之而不言謂之隱，未見顏色而言謂之瞽。」（《論語・季氏》）

孔子說，「侍奉君子容易有三種過失：沒有輪到他發言而發言，叫做急躁；到該說話時卻不說話，叫做隱瞞；不看君子的臉色而貿然說話，叫做盲目。」

此章孔子談的是與君子交往中的言談問題。說話是一門藝術，這裡孔子給了我們一些有益的指導：說話應擇時擇人，見機而言。

子張學干祿。子曰：「多聞闕疑，慎言其餘，則寡尤；多見闕殆，慎行其餘，則寡悔。言寡尤，行寡悔，祿在其中矣。」（《論語・為政》）

子張問如何求官。先生說：「多聽別人說話，把你覺得可疑的放在一旁，有把握的，也要謹慎地說，就能減少過錯。多看別人行事，把你覺得不安的放在一旁，其餘的也要謹慎行事，就能減少悔過。說話少過失，行事少後悔，謀求仕祿之道，就在這裡面了。」

孔子說得很明白，在官場裡要慎言。誇誇其談、口若懸河是官場大忌。

子貢問君子。子曰：「先行其言，而後從之。」（《論語・為政》）

子貢問如何才能做一個君子。孔子說：「對於你要說的話，先實行了，然後說出來。」

君子應先做後說，說得再好而不付諸行動就是本末倒置，荀子對言行次序做過總結，「口能言之，身能行之，國寶也」。也就是說，只有能幹能說的人，才是國家的棟梁之材。

子曰：「巧言亂德。」（《論語・衛靈公》）

孔子說：「花言巧語會敗壞道德。」

「巧言」，即花言巧語、甜言蜜語，也包括那些讓人一聽就覺得高深莫測的所謂「專家」之語，如果聽的人不加辨別而接受了，就會敗壞自己的道德。

子曰：「巧言、令色、足恭，左丘明恥之，丘亦恥之。」（《論語・公冶長》）

孔子說：「花言巧語，一副討好人的臉色，十分謙卑恭敬的樣子，左丘明認為可恥，我也認為可恥。」巧言，就是花言巧語；令色，臉上永遠掛著微笑；足恭，見誰都是十足的恭順，孔子認為這樣的人是可恥的。

子曰：「巧言令色，鮮矣仁。」（《論語・學而》）

孔子說：「花言巧語，滿臉諂媚之色的人，很少會有仁愛之心！」

孔子一是勸誡人們警惕「巧言令色」的人，二是提醒那些想

「求仁」的人，不要以為待人接物時處處和顏悅色、一心要讓對方開心就是「仁」。

那麼應該怎麼說話、怎麼做事呢？

子曰：「君子欲訥於言，而敏於行。」（《論語・里仁》）

孔子說：「君子說話應該謹慎，而行動要敏捷。」

此語言簡意賅，說清了為人處世的玄機，即少說話多做事。「訥於言」有兩層含義，首先是提醒我們少說話。其次是要求我們少說空話和大話，口若懸河、滔滔不絕、誇誇其談是為人處世的大忌。「敏於行」，說到做到，行動迅速。

君子恥其言而過其行。（《論語・憲問》）

君子認為說得多做得少是可恥的。君子要坦蕩蕩，言行一致，表裡如一。言過其實、誇誇其談是一種恥辱。

子曰：「予欲無言。」子貢曰：「子如不言，則小子何述焉？」子曰：「天何言哉？四時行焉，百物生焉，天何言哉？」（《論語・陽貨》）

孔子說：「我想不說話了。」子貢說：「夫子如果不講話了，那麼我們這些學生該傳述什麼呢？」孔子說：「天何嘗說話呢？四季照常執行，百物照樣生長。天說了什麼呢？」

天不言自高，地不言自厚，天地承載了萬物卻不言，誰又會不承認天地之偉大？

對虛偽矯情的「巧言」和誇誇其談的「利口」，孔子不僅斥之為「鮮矣仁」，還抨擊它「巧言亂德」，甚至還指斥它有禍國殃民的極大危害。「惡利口之覆邦家者。」（《論語・陽貨》）他極度痛恨那些靠誇誇其談謀取私利、禍亂國家的人。孔子喜歡和倡導樸素、本色的言說。「辭達而已矣。」（《論語・衛靈公》）所謂「辭達而已」，即質樸地說話，不虛誇、不矯飾、不造作。有一次有人談論孔子的學生冉雍，說他有仁德，可惜短於口才，即「雍也，仁而不佞」。文中的「佞」字，即工言辭、善表達的意思。孔子一聽，立即反駁說：「焉用佞？禦人以口給，屢憎於人。不知其仁，焉用佞？」（《論語・公冶長》）孔子認為仁德比能說會道重要得多。孔子還喜歡嚴謹、慎重的言辭。「君子名之必可言也，言之必可行也。君子於其言，無所苟而已矣。」（《論語・子路》）文中的「無所苟」，也就是說話要有依據，不能捕風捉影、道聽塗說。

綜合以上孔子的言論我們可以看出，孔子是討厭誇誇其談的，他欣賞的是「訥於言，而敏於行」，即少說多做。

拓展與延伸

我們再來比較一下孔子和老子關於「訥言」的觀點。

無論是孔子還是老子都提到了「訥言」這兩個字。孔子說：「君子欲訥於言，而敏於行。」老子則曰：「大辯若訥。」訥言，就是要謹言慎言，不能信口開河、口若懸河。孔子和老子所講的「訥言」，雖只有兩個字，卻凝聚了聖人對社會人生百態的深度思考和洞察。

老子在《道德經》第五十六章中提到：「知者不言，言者不知。」[16] 這句話表明，真正擁有智慧的人往往不多說話，而那些多言的人往往缺乏真正的智慧。老子認為，智者透過行動而非言語表達自己，透過「塞其兌，閉其門」避免外界的干擾，透過「挫其銳，解其分」消解紛爭，透過「和其光，同其塵」達到與世無爭的境界。老子的訥言強調的是內在修養和順應自然，透過少言達到內心的平和與智慧。

孔子在《論語》中提到「君子欲訥於言，而敏於行」。孔子的訥言不僅指言語的謹慎，更包含了行動的敏捷性和有效性，他認為一個人的價值和品德更多地體現在其行為而非其言辭上。

所以，老子的訥言更側重於內在的修養和智慧，而孔子的訥言則側重於言行一致和行動的重要性。兩位思想家的教導都強調了言語的慎重性和行動的積極性，體現了他們對於個人品德和社會行為的深刻理解。

從《易經．繫辭》「吉人之辭寡，躁人之辭多」，到《論語》「敏於事而慎於言」，到《道德經》「大辯若訥」，再到近代的「空談誤國，實幹興邦」，無論是儒家之言，還是道家之辯，抑或當代之思，訥言敏行的道理歷經千年，顛撲不破。

---

[16]　陳鼓應，《老子今注今譯》。北京：中華書局，2020：259。

第二節　什麼是「信」？

思考與聯想

守信彰顯著我們當代人行走於世上的生命溫度。

在百年未有之大變局到來時，我們如何面對、如何安放「守信」這一生命的砝碼呢？我們如何做一個守信的人呢？

讓我們一起去《論語》裡尋找答案。

究底與尋根

《論語》中「信」出現了 38 次，「誠」出現了 2 次。楊伯峻在《論語譯注》[17] 中指出「信」有四義：①誠實不欺 (24 次)。②相信，認為可靠 (11 次)。③使相信，使信任 (1 次)。④形容詞或者副詞，真，誠 (2 次)。《說文解字》對「信」的解釋：信，誠也，從人從言，會意。誠，信也。人，天地之性最貴者也。言，直言曰言。從《說文解字》看，「信」、「誠」的意思是一樣的。可以說「信」的本意就是「語言誠實」，而語言誠實又是人的可貴品德之一。據此可見，我們平時所講的「信」就是具有「誠實」意義的「信」。在《論語》中，「誠」和「信」的意義稍有區別，「誠」是在「真」的哲學意義上存在的，其「誠信」的含義是

[17]　楊伯峻，《論語譯注》。北京：中華書局，2009：254。

在其後《孟子》等著作中得到確立的。

《論語》中的「信」體現在哪些方面？孔子又是如何教人們守「信」的呢？

首先是《論語》中的交往之信。在《論語》中，孔子及弟子都以誠信為交友的原則，忠實地踐行誠信之德。「吾日三省吾身：為人謀而不忠乎？與朋友交而不信乎？傳不習乎？」（《論語．學而》）孔子的弟子曾子忠信於人，勤勉於己，透過盡心盡力地為朋友做事來結交誠信之友。「弟子入則孝，出則悌（ㄊㄧ丶），謹而信，泛愛眾，而親仁。」（《論語．學而》）孔子說：「年輕人在父母身邊要孝順，在外要敬愛師長，說話要謹慎，言而有信，和所有人都友愛相處，親近那些具有仁愛之心的人。做到這些以後，如果還有剩餘的精力，就用來學習文化知識。」「謹而信」，謹慎是一種修養，謹慎的人不會輕易地對他人做出許諾。他們一旦答應了別人的要求，就會盡心竭力地達成別人的願望，做到言而有信。「狂而不直，侗而不願，悾悾而不信，吾不知之矣。」（《論語．泰伯》）意思是狂妄而不直率，幼稚而不老實，看上去誠懇而不講信用，我無法理解這種人。

其次是《論語》中的君子之信。孔子認為，君子品德是修身的最高境界，而誠信是成就君子品德的內在要求，其可以作為衡量君子的標準。

「君子義以為質，禮以行之，孫（ㄒㄩㄣ丶）以出之，信以成之。君子哉！」（《論語．衛靈公》）孔子說：「君子把義作為本，依照禮來實行，用謙遜的言語來表述，用誠信的態度來完成它。這樣做才是君子啊！」孔子主張君子要以誠實的態度做事。「人而無信，不知其可也。大車無輗（ㄋㄧˊ），小車無軏（ㄩㄝˋ），其何以行之哉？」（《論語・為政》）誠信猶如車的輗軏，失去了輗軏的車怎麼走？

子張問行。子曰：「言忠信，行篤敬，雖蠻貊（ㄇㄛˋ）之邦行矣。言不忠信，行不篤敬，雖州里行乎哉？立，則見其參於前也；在輿，則見其倚於衡也。夫然後行。」子張書諸紳。（《論語・衛靈公》）子張向孔先生請教闖蕩江湖的方法：我們在社會上該如何樹立自己的形象，行為又該如何表現？孔子說「言忠信」—— 在說話上要講「忠」與「信」。面對責任要「忠」，對待別人要有「信」。行為應「行篤敬」，踏踏實實，專心敬業，這樣，「雖蠻貊之邦行矣」，即使到了偏遠地區，事業也能順利。「言不忠信，行不篤敬，雖州里行乎哉？」如果說話不著邊際、做事不講誠信，這樣的人即使在繁華都市，事業也不能順利。「立，則見其參於前也；在輿，則見其倚於衡也。」也就是說，我們要把做人的六字原則「言忠信，行篤敬」銘記於心。站著，就好像看見這六個字直立在面前，警醒自己。如果有了這樣的能力，「夫然後行」，就可以放心做事了。

最後是《論語》中的治國理政之信。子貢向孔子請教治理國家的方法，孔子給出三條建議：「足食，足兵，民信之矣。」即糧食充足，軍備充足，民眾信任朝廷。子貢說：「如果迫不得已要去掉一項，三項中先去掉哪一項呢？」孔子說：「去掉軍備。」子貢說：「如果迫不得已，要在剩下的兩項中去掉一項，先去掉哪一項呢？」孔子說：「去掉糧食。」他強調治國理政的核心就是民信。孔子認為：「自古皆有死，民無信不立。」一個國家不能得到百姓的信任就會垮掉。一個國家要想立足，在任何時刻都必須取信於民。

拓展與延伸

不只是孔子重視誠信，其他仁人志士也都重視誠信。其他人對誠信持有什麼觀點呢？「輕諾必寡信。」（《老子》）那些輕易承諾別人的人，肯定不講信用。所以在生活中如果遇到這樣的人，要避免與其來往。

「言無常信，行無常貞，唯利所在，無所不傾，若是則可謂小人矣。」（《荀子‧不苟》）說話不講信用，行事沒有原則，眼裡只有利益，只要有利可圖就無所不為，這樣的人就是人們所說的小人。

「小信成則大信立，故明主積於信。賞罰不信，則禁令不行。」（《韓非子‧外儲說左上》）在小事上能夠講信用，在大事上就能夠講信用，所以明智的君主要在遵守信用上逐步累積聲望。如果賞罰不講信用，禁令就無法推行了。其實不只君主需要在信用上累積聲望，普通人也需要。

「道者，道之本也，仁者，德之出也，義者，德之理也，忠者，德之厚也，信者，德之固也。」（賈誼《新書．卷八．道德說》）道是道德的根本，仁愛使內在的道德展現出來，正義是道德的標準，忠誠使道德變得更加深厚，誠信使道德修養保持不變。

「信猶五行之土，無定位，無成名，而水金木無不待是以生者。」（朱熹）誠信就像是五行之中的土一樣，沒有浮華的地位，沒有顯赫的威名，然而五行之中的水、金、木等元素沒有不依賴土而存在的。朱熹的意思就是人生在世賴以立足的一切都依賴於誠信，誠信不立，人也難立足。

那麼，是不是說出的所有話、做出的所有承諾都要兌現呢？是不是只要不兌現就是小人呢？我們來看看孔子下面的話。

「言必信，行必果，硜（ㄎㄥ）硜然小人哉！」信守承諾，不問是非地固執己見，這是固執的小人行為。這裡的「小人」指格局小、見識淺，不足以達到士或君子的境界的人，也稱細人。孔子竟然一反常態，反對「言必信，行必果」，還把這樣的人看成小人，為什麼呢？我們來看看下面這個故事。

孔子一行周遊列國，剛突圍出匡地來到蒲地，就又被人圍住了。原來蒲地一個貴族反叛了衛靈公，害怕孔子去報信，要把他們師徒都抓起來。這時，公良孺帶人和叛軍打了起來。雙方勢均力敵，僵持不下，最後談判，蒲人要求孔子承諾不回衛國，孔子答應了，才得以脫身。一離開，孔子就帶領眾弟子趕忙向衛國國都前進。子貢不解：「簽訂的盟約能違背嗎？」孔子說：「這是被迫簽訂的條約，連神都不會相信的。」言下之意是，所謂的外交辭令都是一些騙人的鬼話。

由此可見，孔子是個相當靈活的人，他身上既有「知其不可為而為之」的決絕，又有「無可無不可」的靈活，他絕不會死守教條，而置自己於險地，所以君子要學會變通。到了亞聖孟子那裡，就發展出了「大人者，言不必信，行不必果，唯義所在」的觀點。真正通達的人不必言出必行，只要合乎道義就行。權變，做人的原則不變，這是兩位聖人相同的地方。

遷移與小試

北宋詞人晏殊素以誠實著稱。他十四歲時，皇帝召見了他，並要他與一千多名考生同時參加進士考試。結果晏殊發現考題是自己十天前剛寫過的，就如實向真宗報告，請求改換其他題目。宋真宗非常讚賞晏殊的誠實品德，便賜給他「同進士出身」。晏殊在文館當職時，正值天下太平，皇帝允許京城的大小官員找地方宴飲，因此，京城官員便經常到郊外遊玩，或在城內酒館開懷暢飲。但晏殊囊空如洗，無法參與這些活動，只好在家裡和兄弟們讀書、寫文章。

有一天，真宗提升晏殊為輔佐太子讀書的東宮官。大臣們驚訝異常，不明白真宗為何做出這樣的決定。真宗說：「你們經常在大小酒館吃吃喝喝，只有晏殊踏實地閉門讀書，如此自重謹慎的好青年，正是東宮官合適的人選。」出乎真宗意料的是，晏殊謝恩後說：「官家，我其實也是個喜歡遊玩飲宴的人，只是囊中羞澀罷了。」這兩件事，使晏殊的信用等級在群臣那裡登上了「榜首」，而宋真宗也更加信任他了。仁宗登位後，晏殊官至宰相。

考驗各位一下：

如果你是晏殊，在參加皇帝監考的公務員考試時，發現發到手的考卷和你昨天剛做過的模擬卷一模一樣，你會不會向考官實話實說？為什麼？

第三節　怎樣的「義」令人動容？

思考與聯想

有人見利忘義，有人捨生取義；有人賣國、賣友求榮，有人見義勇為。而孟子說：「生，亦我所欲也，義，亦我所欲也，二者不可得兼，捨生而取義者也。」

孔子對於「義」也有自己明確的判斷，他的觀點影響了中華兩千多年文化。兩千多年前的孔子是怎麼看待「義」的呢？我們又該如何去踐行「義」呢？讓我們穿越兩千多年的時光隧道，走進孔子的課堂，聽聽他老人家對「義」的詮釋。

究底與尋根

「義」的甲骨文寫法，上面是「羊（祥）」，即祭祀占卜顯示的吉兆。下面是「我」，即有利齒的兵器戌，代表征戰。「義」的本意是吉兆之戰，即神靈護佑的仁道之戰。

「義」在《說文解字》中作「誼」，意思是「人所宜也」。[18]《中庸》也說「義者宜也」。《禮記》說「義者，天下之制也」。古代基本是把「義」解釋為「宜也」。「宜」是應該、適度的意思，後又引申為「理」，即合理、公理的意思，大致相當於今天人們應該遵循的大義、正義。

《論語》中普通人的「義」是怎樣的呢？「見義不為，無勇也。」（《論語．為政》）見到應該挺身而出的事情卻袖手旁觀，就是怯懦。見義勇為，是站在了大義一邊。但是，近些年來因為一些人道德淪喪、為利忘義，扶人者屢屢被訛，見義勇為者遭受漠視，導致了人們見義不為，甚至望義卻步。這不是個人的問題，而是社會的悲哀。好在人們及時覺醒，法律向「義」伸出援手，訛詐者被釘上了恥辱柱，正義再次被「扶」了起來。

君子的「義」是怎樣的呢？我們看看孔子具體是怎麼說的。子路曰：「君子尚勇乎？」子曰：「君子義以為上。君子有勇而無義為亂，小人有勇而無義為盜。」（《論語．陽貨》）子路問老師：「君子崇尚勇敢嗎？」孔子說：「君子以義為最高尚的品德。

---

[18]　許慎，《說文解字》（大字本）。北京：中華書局，2013：47。

君子有勇無義就會作亂，小人有勇無義就會去做盜賊。」在孔子的學說中，「勇」被視為人生三大德之一，在這段話中，孔子重點強調了勇的前提是要受到義的約束，沒有義的約束，勇可能會成為亂的根源。孔子還說：「勇而無禮則亂」，「好勇不好學，其蔽也亂」，禮、學都排在勇之前。也就是說，只有在重重約束之下，勇才能發揮應有的作用，而不至於生亂。

荀子也曾論過「勇」，他說的比孔子更加尖銳，在〈榮辱〉篇中他將勇分為狗彘之勇、賈盜之勇、小人之勇、士君子之勇四個等次：「爭飲食，無廉恥，不知是非，不辟死傷，不畏眾強，恈恈然唯利飲食之見，是狗彘之勇也。為事利，爭貨財，無辭讓，果敢而振，猛貪而戾，恈恈然唯利之見，是賈盜之勇也。輕死而暴，是小人之勇也。義之所在，不傾於權，不顧其利，舉國而與之不為改視，重死持義而不橈，是士君子之勇也。」彘就是豬。其為搶一口食，不避死傷，也不顧長幼、禮法、兄弟姐妹。「賈盜」就是奸商。奸商做事只圖利。「小人之勇」就是不在乎死亡而行為暴虐。「士君子之勇」是大智大勇，為正義事業不屈不撓。

君子如何遵循並踐行「義」呢？子曰：「君子義以為質，禮以行之，孫（ㄒㄩㄣˋ）以出之，信以成之。君子哉！」（《論語．衛靈公》）孔子提出了君子的四條行為準則：以道義為修身的根本，並以禮為載體來執行，透過謙遜來表達，透過誠信來圓滿地完成。義、禮、遜、信是君子的四種特質。本章是緊承上一章來的：「群居終日，言不及義，好行小慧，難矣哉！」孔子說：「整天聚在一起，言語都和義不相關，喜歡賣弄小聰明，這種人很難教導。」

孔子認為，為政者治理百姓也應該從「義」的角度出發，實現「仁」政。「子謂子產，『有君子之道四焉：其行己也恭，其事上也敬，其養民也惠，其使民也義。』」（《論語．公冶長》）孔夫子說子產作為君子有四種德行：一是「行己也恭」，行事謙遜，自我修養很好；二是「事上也敬」，尊敬君主，這裡既有發自內心的忠誠，也有辦事認真負責的意思；三是「養民也惠」，身為宰相致力於改善民生，解決老百姓的吃穿住用等現實問題，廣施恩惠；四是「使民也義」。義，宜也。在需要百姓的時候合時宜、有節制，不勞民。子產，春秋時期著名的政治家、思想家，堪稱執政者的楷模。他在擔任鄭國宰相時，推動鄭國走入中興。他非常廉潔，死後甚至沒錢安葬。百姓捐款，他的兒子分文不受。孔夫子聽說子產去世，含淚說道：「古之遺愛也。」

拓展與延伸

義和利是不是非此即彼、水火不容呢？義和利能否兼得？孔子有什麼義利觀呢？

義利觀是一面照「妖」鏡，小人會在義和利的取捨面前顯形。子曰：「君子喻於義，小人喻於利。」（《論語．里仁》）孔子說：「君子懂得大義，小人只懂得小利。」小人追求個人利益，而君子也會追求個人利益，但其會先考慮所得是否合於義。這句話從對待義和利的態度上區分了君子和小人，對中華文化的義利觀影響深遠。

「飯疏食飲水，曲肱而枕之，樂亦在其中矣」，「不義而富且貴，於我如浮雲。」(《論語．述而》)「富」、「貴」在這裡就是「利」。「吃粗糧，喝白水，彎著手臂當枕頭，樂趣也就在其中了」，「用不正當的手段得來的富貴，對於我來講就像是天上的浮雲一樣。」君子寧肯過苦日子，也不做傷天害理、忘恩負義、背信棄義的事情。子曰：「富與貴，是人之所欲也，不以其道得之，不處也；貧與賤，是人之所惡也，不以其道得之，不去也。君子去仁，惡乎成名？君子無終食之間違仁，造次必於是，顛沛必於是。」(《論語．里仁》)孔子說：「富裕和顯貴是人人都想要得到的，但是不用正當的方法得到它，就不能去享受；貧窮與低賤是人人都厭惡的，但是不用正當的方法去擺脫它，寧可不擺脫。君子如果離開了仁德，又怎麼能叫君子呢？君子沒有一頓飯的時間是背離仁德的，就是在最緊迫的時刻也必須依循仁德的準則，就是在顛沛流離的時候，也一定會如此。」按照「義」的原則做利益取捨，在孔子看來已經接近「仁」了。

孔子並不像很多人所認為的只滿足於安貧樂道，相反，孔子對合「義」的錢是很喜歡的。「富與貴，是人之所欲也。」他從人本性的角度對人的趨利心理做了肯定。其次孔子鼓勵對合理利益的追求。他曾以自己為例來說明：「富而可求也，雖執鞭之士，吾亦為之。如不可求，從吾所好。」孔子說：「富貴合乎道義就去求取，即便是拿著鞭子替人開道這樣的差事，我也願意。如果不合道義就不可求取，那就按照我的愛好去做吧。」（《論語・述而》）由此可見，孔子毫不避諱自己對利益的追求。

遷移與小試

社會上因為救人而自己丟掉性命的事情經常見諸報端。所以有人說，見義勇為要量力而行，要見義「智」為，這樣就可以避免不必要的犧牲。也有人說，當有人落水或被侵害，生命危在旦夕時，就沒有時間前思後想了。

對於上述現象，你有什麼想法？如果你就在需要見義勇為的現場，你又沒有見義勇為的能力，你會怎麼做呢？

第四節　舞雩臺的悠然境界

名著與生活

「梨花風起正清明，遊子尋春半出城。」清明節兼具自然與人文內涵，作為唯一以節氣命名的節日，它不僅是人們享受春天樂趣、出門踏青的日，也是慎終追遠、紀念祖先的肅穆節日。人們探親祭祖的需求讓清明連假出行熱度更高。

有位教授表示，清明祭祖是華人和諧的載體。中國古代祀禮繁多，但「禮有五經，莫重於祭」，祭祀之禮之所以重要，其實是為了「以祀禮教敬」，培養人們對祖先的敬畏之心，後代也會由此思考家族關係，這份愛與敬在儀式中得到強化。

隨著文明祭掃觀念不斷深入人心，人們追思故人的方式越發多元，家庭追思、網路祭掃、鮮花祭祀、擦拭墓碑等現代文明祭祀方式逐漸普及，祭掃方式雖變，但不變的是清明蘊含的濃厚溫情。

春色清和，思念悠然。人們在祭掃與踏青的儀式中抒懷追昔，賡續傳承，擁抱希望。

思考與聯想

你還了解其他和春天有關的習俗嗎？

我們都知道，立春為二十四節氣之首。立，是「開始」之意；春，代表著溫暖、生長。二十四節氣最初是依據「斗轉星移」制定的，當北斗七星的斗柄指向寅位時為立春。現行是依據太陽黃經度數確定節氣，當太陽到達黃經 315°時為立春，於每年公曆 2 月 3 日至 5 日間交節。干支紀元，以寅月為春正、立春為歲首，立春乃萬物起始、一切更生之義，意味著新的輪迴。在傳統觀念中，立春有吉祥的含義。

立春的代表性習俗有很多，包括咬春、打春、春社等，這些傳統習俗不僅讓春天更有儀式感，也寄託了人們的美好願景和對新一年的期盼。

你最喜歡的春天的習俗是什麼？你知道孔子和他的學生喜歡的春日活動是什麼嗎？

究底與尋根

說到孔子與弟子喜歡的春日活動，就不得不講一個故事。《論語》中記載，一天孔子與弟子言志，孔子問曾點有何志向，他說：「莫春者，春服既成。冠者五六人，童子六七人，浴乎沂，風乎舞雩，詠而歸。」夫子喟然嘆曰：「吾與點也！」

「與」在這裡是「贊成」的意思，也就是說，孔子與曾點的理想是：暮春時節，春天的衣服已經穿上了。和幾個成年人、幾個孩童到沂水裡游泳，在舞雩（ㄩˊ）臺上吹風，一路唱著歌回來。

舞雩臺，又稱舞雩壇，位於曲阜城南沂河之北，是一座高大的土臺，原為周魯國祭天求雨的祭壇。「雩」是古代求雨的一種祭禮。《周禮》有記：「若國大旱，則帥巫而舞雩。」綜合文獻記載來看，舞雩臺是孔子及其弟子經常遊憩之所，也是歷來士人遊春的處所。周代魯國故城內外的古臺很多，現僅存舞雩臺、望父臺、鬥雞臺三處，其中舞雩臺是最高大的一處。

你是否會發問：為什麼孔子與曾點喜歡在春日裡去舞雩臺吹風呢？這與他們的志向有何關係？

在曾點的社會理想中，「莫春」者，為和煦之時；「浴乎沂」者，是在沂之地方洗浴；「風乎舞雩」者，是乘涼於祭天禱雨之地，猶如吹吹風；「詠而歸」，是其樂融融的樣子，猶若唱著歌歸來。

曾點的理想抱負在於樂其日用之常和各得其所之妙，所以，孔子認可這種社會理想。這實際上是支持民眾自給自足的田園生活和政治上休養生息的自由政策。從這種社會自由和自然生活的場景中，我們可以看到仁政和王道的價值。

什麼情況下可以實現孔子和曾點的理想呢？

在國家和社會中，只有當統治者體恤民情，適度徵稅，量入為出，了解民眾的積蓄情況，才能形成這樣自由的社會狀態，即「得承所受於天地，而離於飢寒之患」。統治者只有自我節制，滿足民眾的需求，給予他們生產和生活的自由，才能實現這樣的社會理想。孔子的理想是希望人們能夠自給自足，和諧安樂地生活，這體現在「老者安之，朋友信之，少者懷之」的社會狀態中。

如果一個國家和社會能夠達到這樣的理想狀態，那就是達到了「大同」的境界。《禮記．禮運》中描述的「大道之行也，天下為公。選賢與能，講信修睦，故人不獨親其親，不獨子其子，使老有所終，壯有所用，幼有所長，矜寡孤獨廢疾者，皆有所養」。這裡的「天下為公」意味著視天下為一家，即建構人類命運共同體。在這樣的社會中，人們不僅關心自己的親人和孩子，並且將仁愛之心擴展到更廣泛的範圍。

民眾自由和快樂的生活依賴於統治者的仁政。仁政的實施能夠為社會帶來自由。透過「選賢與能」，人們可以實現自己的抱負，透過「講信修睦」，人們可以和諧相處，透過「使民以時」，君主可以減輕民眾的負擔，讓他們享受「浴乎沂，風乎舞雩，詠而歸」的快樂。

這種社會理想體現了王道政治的與民同樂的價值，展現了社會和諧和各得其所的景象。百姓的自然生活和自得其樂的社會場景反映了政治的開明和世道的清明。

這一價值觀與西方的權利法案所倡導的天賦人權和自由有著本質的不同。它基於天下大同的社會理想，強調仁愛倫理的泛化和擴展，彰顯了孔子對博大品德和博愛人性的追求。

那麼你讀完之後，是否想同孔子及其弟子一道去舞雩臺吹吹風呢？

拓展與延伸

孔子思想博大精深，涵蓋了個人修養、社會治理、政治理想等多個方面，下面讓我們可以將他各方面的理想簡單列舉一下。

一、個人修養方面

「君子無終食之間違仁。」（《論語・里仁》）這句話體現了孔子對君子品德修養的要求，即君子應隨時保持仁愛之心，不斷提升和完善自我。

「士志於道，而恥惡衣惡食者，未足與議也。」（《論語・里仁》）孔子在這裡強調士君子應追求更高的道德理想，而不是過分關注物質享受。

二、社會治理方面

「君君，臣臣，父父，子子。」（《論語・顏淵》）孔子在這裡提出了社會各角色應遵守的規範，強調了社會秩序的重要性。

「己欲立而立人，己欲達而達人。」（《論語・雍也》）這句話體現了孔子的互惠互利思想，即在追求個人發展的同時要幫助他人成長和成功。

三、政治理想方面

「天下有道，則禮樂征伐自天子出；天下無道，則禮樂征伐自諸侯出……」（《論語・季氏》）孔子在這裡描述了他理想的政治秩序，即所有的政治行為都應當遵循道德和禮的規範，由天子統一領導。

「克己復禮為仁。一日克己復禮，天下歸仁焉。」（《論語・顏淵》）孔子認為透過自我約束和遵守禮節可以達到仁的境界，進而實現社會和諧。

這些話語不僅體現了孔子對於個人、社會和政治的理想追求，也反映了他對於道德修養和社會責任的深刻理解。孔子的思想對後世產生了深遠的影響，並成為中華文化的重要組成部分。

第五節　孔子對管仲的評價

名著與生活

雖然我們每個人都有獨特的性格特點，但你在生活中有沒有注意到人們在不同的情境和環境中會表現出不同的特點呢？這就是所謂的「兩面性」甚至「多面性」的性格特徵。正如一片葉子正反面也是不一樣的。這種現象在心理學上被稱為「情境適應性」，意味著個體會根據所處的社會環境和交往對象的不同，調整自己的行為和表現。

例如，一個學生在學校裡可能是個勤奮好學的孩子，但在家中，他可能就變成了一個懶散的遊戲迷；或者一個人在朋友面前表現得非常外向和開朗，而在陌生人面前則顯得內向和沉默。這些不同的行為表現，並不是因為他在「偽裝」自己，而是因為他在不同的社會角色和期望中尋找平衡，以適應不同的社交環境。

了解這一現象有助於我們更容易理解自己和他人。首先，我們可以了解到，每個人都有多種潛在的性格特質，這些特質可能會在不同的情境下被激發出來。其次，我們也可以學著更加寬容和理解他人，因為每個人都有自己獨特的性格和應對不同環境的方式。

總之，性格的多面性是我們作為社會人的一種自然表現，了解和接受這一點，可以幫助我們更好地適應社會，發展健康的人際關係，並成為一個全面發展和更加成熟的人。

思考與聯想

你了解管仲和齊桓公的歷史小故事嗎？

齊桓公是齊國的第 15 位國君，其前任是他的哥哥齊襄公。齊襄公荒淫無道、昏庸無能，掀起內鬥，齊國內部一片混亂。其弟公子小白和公子糾為了躲避災難，紛紛逃亡國外。其中公子小白與心腹鮑叔牙投奔莒國，公子糾則同心腹管仲投奔了魯國。後來，齊國發生政變，齊襄公被殺。兩兄弟誰先回到齊國，誰就能成為國君。

公子小白和公子糾得知消息後，立即請其所投奔的國家派遣軍隊，護送他們回國。

為了幫助公子糾奪取國君的位置，管仲在通向莒國的大道上單人匹馬追上了公子小白，並且假裝恭順，上前拜見。其間他趁小白不注意，突然猛發一箭，射向小白心窩。倉皇之中，小白大叫一聲，口吐鮮血跌下車來。管仲以為大功告成，策馬而逃。

公子糾他們以為政敵已除，於是放慢腳步，從容不迫地向齊國出發。可是，當他們到達齊國首都臨淄時，小白已經登基成了齊國的國君了。

原來小白並沒有死，管仲之箭射在他腰帶的銅鉤上，使其幸運地避過了這一劫難。同時，小白知道管仲是有名的神箭手，於是他急中生智，咬破舌頭，大叫一聲，假裝口吐鮮血，跌下車去，瞞過了管仲，然後抄小路飛奔齊國，搶先登上了國君的寶座。

齊桓公即位後，為了鞏固政權，迫使魯國殺死了公子糾。召忽因忠誠於公子糾選擇自殺，而管仲則沒有選擇自殺殉主，後被俘虜。

此後齊桓公不計前嫌，聽取鮑叔牙的建議，愛惜人才，並拜管仲為宰相。管仲則一生功績卓著，扶助齊桓公「九合諸侯」、「一匡天下」、「尊王攘夷」，開創了自周統一以來中原少有的安定團結局面，並且輔佐齊桓公成了春秋時期的五霸之首。

究底與尋根

讀了上面的故事，你認為管仲是一個怎樣的人呢？孔子又是怎麼看待管仲的呢？在《論語》中，孔子對管仲有如下評價。

●**原文**　子曰：「管仲之器小哉！」或曰：「管仲儉乎？」曰：「管氏有三歸，官事不攝，焉得儉？」「然則管仲知禮乎？」曰：「邦君樹塞門，管氏亦樹塞門。邦君為兩君之好，有反坫，管氏亦有反坫。管氏而知禮，孰不知禮？」（《論語．八佾》）

○**譯文**　孔子說：「管仲的器量狹小得很呀！」有人便問：

「他是不是很節儉呢？」孔子道：「他收取了人民的大量市租，他手下的人員從不兼差，如何能說是節儉呢？」那人又問：「那麼，他懂得禮節嗎？」孔子又道：「國君宮殿門前，立了一個塞門；管氏也立了個塞門。國君設宴招待外國的君主，在堂上有放置酒杯的設備，管氏也有這樣的設備。假若說他懂得禮節，那誰不懂得禮節呢？」

這裡，我們可以看出，孔子在批評管仲不節儉也不守禮。為什麼呢？「樹塞門」是在大門口築一道短牆，以別內外，相當於屏風，是國君使用的規格；「反坫」是古代君主招待別國國君時，放置獻過酒的空杯子的土臺。所以，管仲身為大臣用國君使用的東西，孔子認為他不守禮。接下來我們看一看孔子肯定管仲的話。

●原文　或問子產。子曰：「惠人也。」問子西。曰：「彼哉！彼哉！」問管仲。曰：「人也。奪伯氏駢邑三百，飯疏食，沒齒，無怨言。」（《論語．憲問》）

○譯文　有人向孔子問子產是怎樣的人物。孔子道：「是寬厚慈善的人。」又問到子西。孔子道：「他呀，他呀！」又問到管仲。孔子道：「他是人才。剝奪了伯氏駢邑三百戶的採地，使伯氏只能吃粗糧，到死沒有怨恨的話。」

●原文　子路曰：「桓公殺公子糾，召忽死之，管仲不死。」曰：「未仁乎？」子曰：「桓公九合諸侯，不以兵車，管仲之力也。如其仁！如其仁！」（《論語．憲問》）

○**譯文**　子路道：「齊桓公殺了他哥哥公子糾，（公子糾的師傅）召忽因此自殺，（但是他的另一師傅）管仲卻活著。」接著又道：「管仲算有仁德嗎？」孔子道：「齊桓公多次主持諸侯間的盟會，停止了戰爭，都是管仲的力量。這就是管仲的仁德，這就是管仲的仁德。」

●**原文**　子貢曰：「管仲非仁者與？桓公殺公子糾，不能死，又相之。」子曰：「管仲相桓公，霸諸侯，一匡天下，民到於今受其賜。微管仲，吾其被髮左衽矣。豈若匹夫匹婦之為諒也，自經於溝瀆，而莫之知也。」（《論語‧憲問》）

○**譯文**　子貢道：「管仲不是仁人吧？桓公殺掉了公子糾，他不但不以身殉難，還去輔佐他。」孔子道：「管仲輔佐桓公，稱霸諸侯，使天下一切得到匡正，人民到今天還受到他的好處。假若沒有管仲，我們都會披散著頭髮，衣襟向左邊開（淪為落後民族）。他難道要像普通老百姓一樣守著小節小信，在山溝中自殺而不為人知嗎？」

我們將上面孔子對管仲的評價進行比較，他一方面說管仲「器小」、不知禮，一方面又說管仲「如其仁」，那麼孔子是否自相矛盾呢？

我們試著把管仲這位政治家類比成學校裡的一位班級幹部。他管理能力很強，不過平時有些小問題，如有時候對自己的要求不夠嚴格，做了一些對人不禮貌的事。這當然會影響到他的領導力和公信力。

但他能夠不用強制或者懲罰的方式，而是用和平的方式，也就是透過溝通來幫助整個集體和諧相處，這樣的班級幹部是不是很了不起呢？

孔子一方面承認管仲有「違禮」的一面，一方面又認為管仲做的事情很有意義，他沒有只是忠於領導者，而是選擇以和平的方式匡扶天下。他沒有用武力解決問題，而是用智慧和規則讓大家團結起來，保護了社會的安定、保護了百姓的利益，使得百姓免於戰爭災難。所以，這是「大仁」。孔子評價人並未自相矛盾，而是於大處著眼，全面看待管仲。

就政治家的實踐標準而言，孔子肯定管仲有仁者之功，體現在其「九合諸侯，不以兵車」，重建禮治秩序並且捍衛華夏文明，其事功兼濟天下且合乎道義，具有仁之屬性，在意義上勝於對忠君之義的執守。其次，就儒家士君子內外貫通的理想要求而言，管仲在德行層面顯然有所瑕疵，這種不足反過來又限制了其事功的高度。「由此可見，管仲評價的複雜性源於儒家思想評價標準的內在張力。首先，修己治人、內外一貫固然是理想狀態，然而就政治人物而論，實踐標準（外王）與德行標準（內聖）二者究竟孰先孰後，內外德行之間是否連續一貫？其次，忠君是否構成評價政治德行的絕對標準？以上種種，都構成了儒家政治倫理中的關鍵問題。」[19]

---

[19] 管宗昌，〈論孔子對管仲評價的一致性：兼及孔子仁學理論的多維性〉。北方論叢，2018（3）：66-67。

拓展與延伸

孔子的察人識人觀是他哲學思想中的一個重要組成部分。常言道「畫虎畫皮難畫骨，知人知面不知心」，其說的是觀人不易。下面讓我們一起來了解一下孔子的觀人法。

孔子的弟子顏回被孔子稱讚為「不貳過」，這表明顏回在犯錯後能夠及時糾正，不會犯同樣的錯。這體現了孔子在識人時注重個人改正錯誤和自我提升的能力。

另外，孔子說：「君子懷刑，小人懷惠。」這裡孔子區分了君子和小人在面對法律和社會規範時的不同態度。君子會自覺遵守法律，而小人只關心個人利益。孔子認為，一個人的價值不僅在於他的外在行為，更在於他的內在修養和對社會的貢獻。君子應當追求高尚的道德，以仁義而非以利益為行事準則。

最後我們來看看孔子的三層識人法。

子曰：「視其所以，觀其所由，察其所安。人焉廋哉？人焉廋哉？」(《論語・為政》)

第一，視其所以：觀察一個人的行為，看其所作所為是善是惡。這是評價一個人的起點，即從其行為本身出發，而不是預設其動機。

第二，觀其所由：分析一個人的行為動機，探究其行為背後的原因。孔子認為，即使行為看似善良，如果動機不純，也應當受到審視。

第三，察其所安：考察一個人的內心狀態和安心之處。這是指了解一個人的內心是否平靜、是否滿足於現狀以及他們的內心是否與外在行為一致。

所以，孔子的察人識人觀是一種全面、深入的識人方法，它不僅關注個人的行為表現，還注重探究行為背後的動機和內心狀態。孔子的這些觀點至今仍對人們的道德修養和社會交往有著重要的指導意義。

遷移與小試

上面我們提到了孔子的識人觀，我們也可以學著去運用它。歷史人物往往是一面鏡子，能對映出人性的複雜性。在歷史的長河中，我們很難簡單地將人物劃分為好與壞，如漢高祖劉邦。

今天我們來聊聊一個古代的「生存高手」—— 劉邦。劉邦在彭城大戰中，面對強大的對手，選擇了一個非常「機智」的策略 —— 他為了保命，拋妻棄子，他的做法匪夷所思。

項羽曾捉到過劉邦的父親，於是項羽要挾劉邦，若他不投降就殺掉他父親並烹煮，誰知道劉邦竟然對項羽說：「你我結拜過，我父親就是你父親，你如果殺了他並烹煮，別忘了分我一杯羹。」劉邦很了解項羽不會殺掉自己的父親，但他畢竟也是在拿自己父親的性命做賭注。

然而，當劉邦登上了皇位，他開始實行一系列的「惠民政策」：減輕大家的稅收負擔，提倡教育，還實行寬政，讓人民休養生息。他後來的表現證明了他是一位有著超凡政治智慧和領導才能的「王者」。他的這些舉措為後來漢朝的繁榮打下了堅實的基礎。

你如何評價劉邦呢？你覺得他是否是仁人呢？

第四章
《論語》中的辯證思維

《論語》作為儒家經典之一，集中體現了孔子及其弟子的思想精髓。本章旨在深入剖析《論語》中所蘊含的辯證思維，透過解讀其中的經典篇章，揭示儒家思想中的智慧與哲理。

我們將從君子與小人的對比中，探討品德修養的辯證內涵；從思與學的關係中，領悟知行合一的深刻道理；從聞與達的辯證統一中，理解知識獲取與道德實踐的相互促進；從過與不及的適度原則中，掌握中庸之道的精髓；從仁者與智者的相輔相成中，感受儒家思想中仁智合一的智慧；從出世與入世的辯證思考中，探尋人生境界的無限可能。

透過本章的學習，我們不僅能夠更加深入地理解儒家思想中的辯證智慧，更能夠將其運用到實際生活中，指導我們的言行舉止，提升我們的精神境界。讓我們一同踏上這段探尋儒家智慧的旅程，感受《論語》中蘊含的深刻哲理，讓智慧的光芒照亮我們的人生之路。

第一節　君子、小人

名著與生活

在《論語》中，「君子」與「小人」是最重要的一組辯證關係。君子通常指的是品德高尚、行為得體的人，他們遵循禮儀，注重道德修養，具有仁愛之心。小人則是指那些缺乏道德修養、行為不端的人，他們往往只關注個人利益，不顧他人的感受。然而，君子與小人並非二元對立，而是相互依存、相互對立的辯證關係。

在現實生活中，我們也常常會遇到各種人際關係與社會互動，各種價值觀念在這些互動中相互碰撞。透過學習《論語》對君子與小人的描述，我們可以深刻理解君子與小人並非固定的性格特質，而是一種在不同環境中呈現的態度與選擇。君子應當不斷努力修德養性，自覺踐行仁義道德，而不是停留於表面功夫或者利益得失之中。同時，要意識到小人存在的現實，警惕小人的破壞與傷害，以免自身受損或者對社會造成不良影響。

因此，思考《論語》中「君子與小人」的辯證關係對於我們現實生活中的道德選擇與人際關係有著重要的啟示意義。透過深入理解與思考，我們可以更好地樹立正確的道德觀念，培養健全的性格特質，建構和諧的人際關係，從而促進個人與社會的共同進步。

思考與聯想

在當今競爭激烈的社會環境下，你認為君子的品德如何影響一個人的學業成就和社會發展？

如何理解《論語》中關於小人的描述與當代社會中的人際關係和道德觀念？小人的特徵在現代社會中是否與某些社會現象相對應？

一、君子小人之辨：個體品德層面

在《論語》中，君子與小人的區別首先體現在個體的品德層面。孔子明確主張君子是仁、智、勇三者的完美統一。孔子說：「君子道者三，我無能焉：仁者不憂，知者不惑，勇者不懼。」君子以仁、義、禮、智為準則，追求道德的完善和高尚。他們以誠實守信、孝順敬老、恭謹禮讓等美德為行為準則，努力成為社會的楷模和榜樣。相反，小人則以私欲、狹隘的利益為導向，缺乏道德約束和社會責任感，常常不擇手段地謀求個人利益，不顧他人感受，甚至破壞社會秩序。

二、君子小人之辨：社會角色層面

在社會角色層面，《論語》中的君子與小人扮演著不同的角色。君子常常擔任社會的領導者、道德楷模和慈善家的角色。他們以身作則，引導他人向善，為社會的和諧與進步做出貢獻。君子不僅透過言傳身教影響他人，還積極參與公益事業，促進社會的發展。

相反，小人往往扮演著破壞者、自私者和道德敗壞者的角色。他們以利益為先，不擇手段地追求個人私利，往往帶給社會負面影響。小人的行為不僅傷害他人利益，還破壞社會的和諧與穩定，導致社會資源的浪費和社會價值觀的扭曲。

三、君子小人之辨：道德境界層面

在道德境界層面，《論語》中的君子與小人展現出不同的道德境界。君子不僅追求道德的高尚，更追求道德的完善和自我超越。他們透過反思、修練，不斷提升自己的道德境界，力求達到至善至美的境界。君子在面對誘惑和困難時，能夠堅守道德原則，保持清醒的頭腦和崇高的品德。

相反，小人往往停留在短視、自私、功利的層面，缺乏對道德的思考和追求。他們的行為往往受到個人私欲的驅使。小人缺乏道德境界的提升意識，往往被利益驅動，無法超越個人私利，導致其道德境界停留在低階階段。

究底與尋根

「君子」與「小人」之稱出現得很早，西周初年就已經作為一種普遍稱謂，並且作為一組相對概念了。《詩經》中多有論述。這時的「君子」、「小人」主要是對某種身分的泛稱，君子指貴族統治者，小人泛指平民或勞動者。例如，《詩．大雅．泂酌》：

「豈弟君子，民之父母。」《詩．小雅．大東》：「周道如砥，其直如矢。君子所履，小人所視。」〈角弓〉：「君子有徽猷，小人與屬。」〈採薇〉：「駕彼四牡，四牡騤騤。君子所依，小人所腓。」

君子小人的本初含義與社會政治等級密切相關。關於這一點，春秋時人仍有十分清晰的表述，如《左傳》：「君子小人，物有服章，貴有常尊，賤有等威。」有時候君子又稱「大人」，小人又稱「野人」。「先進於禮樂，野人也；後進於禮樂，君子也。」（《論語．先進》）這裡的君子指卿大夫，君子與野人相對，顯然指身分地位的不同。

拓展與延伸

一、子產

子謂子產：「有君子之道四焉：其行己也恭，其事上也敬，其養民也惠，其使民也義。」孔子評論子產說：「他有四個方面符合君子的標準：他待人處世很謙恭，侍奉國君認真負責，養護百姓有恩惠，役使百姓合乎情理。」

子產（見圖 4-1），名僑，字子產，是春秋時期著名的政治家、思想家，是孔子心中的君子典範。

子產深謀遠慮，一心為民，在面對他人的質疑和否定乃至誹謗時不為所動。子產認為自己的所作所為是對國家有好處的，寧死不改，也不害怕老百姓的言論。他不僅認為老百姓的謾罵無害，並且對於議論他的鄉校也予以支持。他以鄉校為師，說：「其所善者，吾則行之；其所惡者，吾則改之。是吾師也，若之何毀之？」他頒布政令有信心善始善終，但絕不是剛愎自用、聽不得不同的意見和批評。

圖 4-1　子產畫像[20]

古人多評價子產為仁人。子產曾問政於然明，然明答以「視民如子，見不仁者誅之，如鷹鸇之逐鳥雀也」，子產聞之而喜。他不毀鄉校，不制止民眾的誹謗也是「仁」的體現。但「仁」不是縱容，面對國家的長遠利益，即使民眾一時不同意、不理解，他也堅持做下去，不會因為溺愛而被矇騙。

《史記》載子產去世後，「丁壯號哭，老人兒啼，曰：『子產去我死乎！民將安歸？』」他的政令得到了鄭國百姓的認可和擁護，也得到了孔子的稱讚。

---

[20]　《辭海》編輯委員會，《辭海》。6 版。上海：上海辭書出版社，2009：3055。

二、陽貨

陽貨是孔子心中小人的典型，《論語．陽貨》中記載陽貨想使孔子謁見他，孔子不見，他便送給孔子一隻小豬，想讓孔子去他家致謝。孔子趁他不在家時去拜謝，卻在半路上碰到了陽貨，被迫答應陽貨的做官請求。

陽貨原名陽虎，是春秋時期魯國的一位卿大夫，後來曾短暫執政魯國。他原本只是季氏的家臣，但憑藉自己的才能和野心逐漸爬升到了高位。

圖 4-2　陽貨畫像 [21]

陽貨最初只是季氏的家臣，後透過巧妙的手段和策略成功地獲得了季氏的信任，並逐漸擴大了自己的勢力。隨著地位的提升，陽貨的野心也越發膨脹。他不再滿足於卿大夫的地位，而是渴望掌握更多的權力。於是，他發動政變，謀權篡位，最

[21]　蔡志忠，《漫畫論語》。北京：中信出版社，2016：234。

終成了魯國的獨裁者。他的這種行為被許多人視為忘恩負義，因為他背叛了曾經信任他的季氏。

陽貨在掌權後更加放肆和霸道。他欺壓百姓、貪汙腐敗、濫用職權，引起了廣泛的不滿和反抗。他的種種惡行使得他在魯國和齊國都聲名狼藉。最終，他因為自己的野心和惡行而被迫逃亡到晉國。

遷移與小試

在現代社會，儘管科技、文化、價值觀等方面都發生了巨大的變化，但成為君子依然有其重要的價值和意義。君子品格的準則應該緊密結合傳統美德與當代社會需求。以下是幾條相關的準則：

誠實守信：君子應該樹立誠實守信的意識，言行一致，信守承諾。他們應該明白誠信是建立人際關係和社會信任的基礎，學會遵守規則和法律，不說謊、不作弊，以誠實的態度面對自己和他人。

尊重他人：君子應該尊重他人的權利、尊嚴和個人差異，包括尊重社會上的每一個人。君子應學會傾聽他人的意見，理解和包容不同觀點，避免歧視和排斥他人觀點。

謙遜謹慎：君子應保持謙遜和謹慎的態度，不自負，不驕傲。君子應意識到自己的不足和局限性，虛心向他人學習，不斷提升自己的修養和能力，同時在言行舉止方面保持禮貌和得體。

奉獻社會：君子應培養奉獻社會的意識，關心他人，樂於助人。他們應該主動參與公益活動，關注社會問題，盡自己的一份力量去改善社會環境，促進社會的進步和發展。

正直勇敢：君子應保持正直和勇敢，勇於面對困難和挑戰，不屈不撓地追求自己的目標和理想。他們應該敢於說真話，敢於維護正義，不被外界的壓力和誘惑所動搖。

第二節　思、學

名著與生活

在《論語》中，「學」與「思」被視為至關重要的教育概念，為我們揭示了學習與思考的緊密連繫。

首先，「學」所強調的知識獲取和文化學習不僅是獲取資訊的過程，更是一種認知世界的途徑。透過廣泛涉獵各種知識，我們能夠更容易理解世界，增進自我修養，為未來的發展打下堅實的基礎。「思」則是學習的靈魂，它不僅是對已有知識的反思，更是一種主動的思考過程，透過實踐中的思考，我們能夠將所學知識轉化為實際行動，並透過思考的自我監督功能不斷提升自我，實現個人價值的最大化。

學習與思考相輔相成，學而不思則罔，思而不學則殆。只有將學習與思考相結合，才能夠實現個人的全面發展與進步。

思考與聯想

在學習過程中，你認為思考與理解知識的重要性如何？能否分享一些透過深入思考加深理解的故事？

在現代的學習壓力下，如何平衡學習與思考的關係？有哪些教學方法或學習策略可以更好地將學習與思考結合起來，從而提高學習效果？

一、學：博學於文

《論語》文字中的「學」繼承了之前「學」以「效」為核心的特點，同時突出了「學文」的重要性，強調「博學於文」。《論語》中的「學」的內容主要涉及以下四個方面：①學人事，如「事父母能竭其力，事君能致其身，與朋友交言而有信。雖曰未學，吾必謂之學矣」（《論語．學而》）。②學技能，如「非曰能之，願學焉。宗廟之事，如會同，端章甫，願為小相焉」（《論語．先進》）。③學文，如「行有餘力，則以學文」（《論語．學而》）。④學道，如「衛公孫朝問於子貢曰：『仲尼焉學？』子貢曰：『文武之道，未墜於地，在人。』」（《論語．子張》）

上述四項「學」的共同特點在於「學」是向外求取經驗。經驗皆有來源。學文，其實質是向前人載於書中的智慧學習。學道，是向繼承了大道的人學習。學農桑軍旅之事，是向掌握農桑軍旅之事的人學習。學禮樂宗廟之事，是在禮樂宗廟的儀式中學習。當然，孔子並不滿足於僅依靠口耳相傳和模仿訓練的方式「學」，他特別提倡「學文」，強調君子應當透過廣泛的閱讀來習得聖人的經驗。在其與學生子路的一段對話中，子路問：「有民人焉，有社稷焉。何必讀書，然後為學？」孔子回答道：「是故惡夫佞者。」（《論語．先進》）

孔子十分強調讀書對於君子的重要性。學文是他用來區分君子之「學」與其他人的「學」最重要的指標。在涉及君子教育的言論中，孔子不止一次提到了讀書，故而他編纂刪訂了記載著三代禮樂傳統的六經，以此作為學習者主要的學習材料。

對於「學文」，孔子則提出了「博學」的要求，他有「君子博學於文，約之以禮，亦可以弗畔矣夫」（《論語．雍也》）的說法。此外，在提到「學」的方法之一——「識」時，孔子特別強調「多見而識之」（《論語．述而》），這與其「博學」的原則是相契合的。

二、思：面向實踐

相較於「學」，孔子對「思」的概念的發展更富創造力。孔子對「思」的範圍和方向做出了限定。在《論語》中，孔子理想的「思」是基於實踐基礎上，並面向新的實踐的思考。

首先，孔子認為「思」的展開必須建立在行為主體與外界交往的前提下。比如，他提到「思而不學則殆」（《論語．為政》）。

「學」在這裡是一種向外求取經驗的活動。孔子認為只「思」不「學」會使人產生倦怠。又如，他提到「吾嘗終日不食，終夜不寢，以思，無益，不如學也」（《論語・衛靈公》），更直接點明了不與外界交往的「思」是徒勞無功的。

其次，孔子認為「思」還要面向新的實踐，如「三思而後行」（《論語・公冶長》），即鼓勵行為主體在行動前對行動可能產生的後果進行謹慎周密的預測和思考。

最後，孔子不提倡對離自身太遙遠的事物進行過多思考。比如，他提出「敬鬼神而遠之」（《論語・雍也》）。又如，其學生曾子繼承了孔子對「思」的看法，提出「切問而近思」（《論語・子張》）等，這些都是對「思」與實踐關係的強調。

究底與尋根

「學」字的演變（見圖 4-3）經歷了一個複雜的歷程：商代甲骨文從廾（ㄍㄨㄥˇ）從宀（ㄇㄧㄢˊ），或從林從宀。廾為兩手之象，蓋表學習用手，宀為房屋之象，蓋表學習場所，二者結合表示會學習意。在商代這兩種形聲結構就開始結合，出現了從臼從爻，或從臼從爻從宀，或從臼從宀從爻省等等結構。西周的「學」字為突出學習的對像是兒童，又加表意偏旁「子」。春秋時，臼作兩又是前代從廾的烙印。隸變後楷書作「學」，簡化作「學」。字中𡥈即教字，𦥑即學字，教學合成一字也說明古代教學同字。其本義是學習、效法。

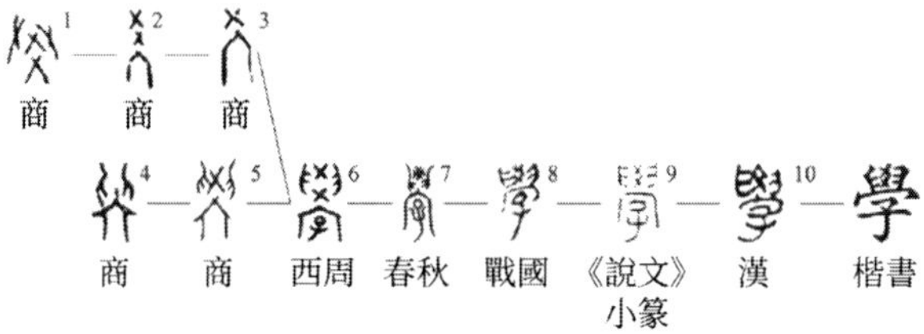

圖 4-3　「學」的演變 [22]

思從心，囟聲，讀為ㄒㄧㄣˋ。「思」原作上「囟」下「心」，後「囟」訛變為「田」，「思」便成為上「田」下「心」。其本義為思考。「思」字形的演變如圖 4-4 所示。

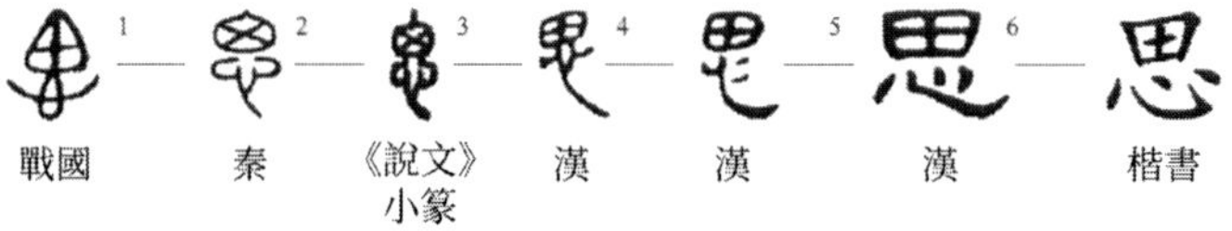

圖 4-4　「思」的演變 [23]

拓展與延伸

一、博學的祖沖之

祖沖之（見圖 4-5）從小就讀了不少書，人家都稱讚他是個博學的青年。他特別愛好研究數學，也喜歡研究天文曆法，經常觀測太陽和星球執行的情況，並且做了詳細記錄。

[22]　李學勤，《字源》。天津：天津古籍出版社，2012：265。
[23]　李學勤，《字源》。天津：天津古籍出版社，2012：923。

圖 4-5　祖沖之畫像[24]

據說，在祖沖之只有 4 歲的時候，他的父親向他展示了一串長長的珠子，並要求他數清楚其中的數量。令人震驚的是，祖沖之不僅在短時間內準確地報出了珠子的總數，還迅速地指出了其中一顆珠子遺漏的位置。這個小故事充分展示了祖沖之早期的數學天賦和驚人的計算能力。

隨著時間的推移，祖沖之的數學和天文學知識日益豐富。他不僅對傳統的數學和天文學理論有著深刻的理解，還敢於挑戰和創新。例如，在曆法方面，祖沖之認為當時的曆法還不夠精確，於是他根據自己的長期觀察和研究，創制了一部新的曆法，名為「大明曆」。這種曆法測定的每一回歸年（也就是兩年冬至點之間的時間）的天數，與現代科學測定的只相差五十秒；月亮環行一周的天數與現代科學測定的相差不到一秒，可見其精確程度。

[24]　《辭海》編輯委員會，《辭海》。6 版。上海：上海辭書出版社，2009：3084。

除了數學和天文學，祖沖之還廣泛涉獵文學、哲學等多個領域。他的博學多才使得他在當時的社會中備受讚譽。據說，有一次皇帝召集大臣們商議一件重要的事情，而祖沖之也在場。在討論過程中，皇帝提出了一個涉及多個領域的複雜問題，其他大臣們面面相覷，無法給出滿意的回答，而祖沖之卻從容不迫地站起來，引經據典、深入淺出地解答了這個問題。皇帝聽後大為讚賞，對祖沖之的博學多才表示欽佩。

二、王陽明龍陽悟道

王陽明（見圖 4-6）自幼志向遠大。在讀書時，老師問及學生們讀書的目的，大多數人回答是為了通過科舉考試，而王陽明卻毫不猶豫地表示，自己讀書是為了成為聖賢。明朝官方正統思想是程朱理學。起初，王陽明也篤信朱熹的「格物致知」理論，並決定親自去實踐一番。

於是，他與好友錢德洪約定去「格」亭前的竹子。錢德洪先嘗試了三天，不但未領悟竹子的道理，反而苦思成疾病倒了。王陽明認為錢德洪精力不足，便決定自己試一試。但經過七日七夜的苦思冥想，他也是一無所獲，甚至患上了重病。這個故事後來被稱為「亭前格竹」。

圖 4-6　王陽明畫像 [25]

王陽明因此深感聖人非易成，放下了做聖賢的念頭，轉而致力於研究科舉學問。雖然他曾中舉，也研究過道家、佛家的理論，但直到三十四歲那年，因上奏觸怒大太監劉瑾而被貶到貴州龍場驛，他才開始真正地蛻變和頓悟。

龍場驛位於大山深處，環境艱苦，然而王陽明卻保持樂觀的態度。他每天都思考聖人若處於自己的位置會怎麼做。直到有一天夜晚，在半睡半醒之間，他恍然大悟：「聖人之道，吾性自足，向之求理於事物者誤也。」這意味著，他意識到自己的內心本就具備做聖人的道理，之前在外界事物中尋找道理是大錯特錯。從此，王陽明開始建立自己的心學理論，並提出了「致良知」說。

[25]　中國大百科全書總編委會，《中國大百科全書》。2 版。北京：中國大百科全書出版社，2009：47。

遷移與小試

在現代社會，博學與深思是相輔相成的。學無止境，思則明理。我們可以從以下幾個方面著手，透過不斷學習與實踐，拓寬視野，深化理解，推動個人與社會的共同進步。

在資訊爆炸的時代，我們可以透過各種途徑獲取知識，包括書籍、網路、課程等。因此，我們要保持博學，多管道、多媒體地學習各種領域的知識，包括但不限於科學、人文等。

學習知識不能只死記硬背，而是要透過深入思考理解知識的內涵和邏輯。我們可以透過與他人討論、寫作、思辨等方式，將所學知識與現實生活連繫起來，進行反思和探索。

學習知識只是第一步，更重要的是要將所學知識應用到實際生活和工作中。我們可以透過參與社會實踐、專案實踐、實習等方式，將所學知識轉化為實際行動，從中獲取經驗和回饋，進一步完善自己的理解和認知。

學習是一個不斷反思與調整的過程。在實踐中，我們可能會遇到挑戰和困難，這需要我們不斷地反思自己的行動和思考方式，及時調整自己的學習方法和策略，以達到更好的效果。

綜上所述，我們在現代社會要做到博學於思，需要透過多元化學習、深入思考、實踐應用以及不斷反思與調整等方式，將學習與實踐相結合，不斷提升自己的綜合素養和能力。

第三節　聞、達

名著與生活

在《論語》中，聞和達是一組相對的概念。《論語‧顏淵》:「夫達也者，質直而好義，察言而觀色，慮以下人。在邦必達，在家必達。夫聞也者，色取仁而行違，居之不疑。在邦必聞，在家必聞。」意思是說怎樣才是達呢？為人正直，遇事講理，善於分析別人的言語，觀察別人的臉色，從思想上願意對別人退讓。這種人治國會很順利，治家也會很順利。表面上似乎愛好仁德，實際行為卻不如此，可是自己竟以仁人自居而不加疑惑。這種人，做官的時候一定會騙取名望，居家的時候也一定會騙取名望。

「達」是立身端正，內心好義，一言一行都很謙虛，為人行事都很練達。「聞」是表面上看很仁義，實際作為正好相反，卻以名人自居，自以為是。兩者是不一樣的。

思考與聯想

你認為一個人的品德和行為之間有怎樣的關連？為什麼立身端正、內心好義對於一個人的行為至關重要？以你身邊的例子為參照，你覺得在表面上看似仁義，但實際行為卻不符合仁義的情況是如何發生的？你認為應該如何區分真正的仁義和表面功夫？

一、內涵對比與道德指向

在《論語》中，「聞」與「達」兩者在內涵上形成了鮮明的對比。「聞」字在儒家經典中常用來形容一個人表面的、外在的表現，如看似忠厚、仁義，但實際上其行為與這些美德背道而馳，甚至可能自命不凡、固執己見。「聞」所描述的人，往往缺乏真正的內在修養和道德實踐。

與之相對，「達」則代表了真正的道德成就和完善的人格。它意味著一個人不僅在言行上表現得謙虛和練達，更在內心深處秉持正義和道義。這種「達」的境界，是儒家所追求的內在與外在、知與行的統一。

因此，從道德指向來看，「聞」與「達」分別代表了儒家思想中的虛偽與真實、表面與內在。

二、知行合一的實踐要求

在《論語》中，儒家思想強調知行合一，即將道德認知轉化為道德實踐。這一點在「聞」與「達」的關係中得到了體現。

一個人如果只是「聞」而不「達」，即只是表面上表現出仁義，而實際上缺乏真正的道德實踐，那麼這種「聞」是虛偽的，不能算是真正的儒家道德。相反，那些真正達到「達」的境界的人，他們不僅在認知上明白什麼是正義和道義，更能在實踐中將這些美德付諸行動，實現知行合一。

因此，「聞」與「達」的關係也可以理解為儒家對知行合一的實踐要求。

三、人格完善與社會和諧

在儒家思想中，個人的道德完善與社會的和諧是密不可分的，而「聞」與「達」的關係也在一定程度上反映了這一點。

如果一個人只是追求表面的「聞」，而忽略了內在的「達」，那麼這樣的人不僅自身難以有真正完善的道德，也會對社會造成負面影響。因為他們的虛偽和自私可能會破壞社會的和諧與穩定。

相反，那些真正達到「達」的境界的人，他們不僅自身具備高尚的道德品質，也能透過他們的言行和行為對社會產生正向的影響，促進社會的和諧與進步。

究底與尋根

「聞」字形的演變如圖 4-7 所示，其甲骨文為會意字，「像人跽（ㄐㄧˋ）而以手附耳諦聽之形」；西周金文形體發生訛變，為了追求字形的平衡，而將耳與身體割裂開來，置於其右，人形之上又增加裝飾性符號；春秋金文加足趾形，與女旁相似；戰國文字有所省減，或省耳，或省人形。戰國時期聞又另造形聲字，或從耳昏聲，與《說文》古文相合；或從耳門聲，沿用至今。其本義是聽到、聽見；引申為被聽到，即達到、傳布；又引申指使聽到，即報告；又引申為聞名，著稱；由此引申為名譽、聲望。

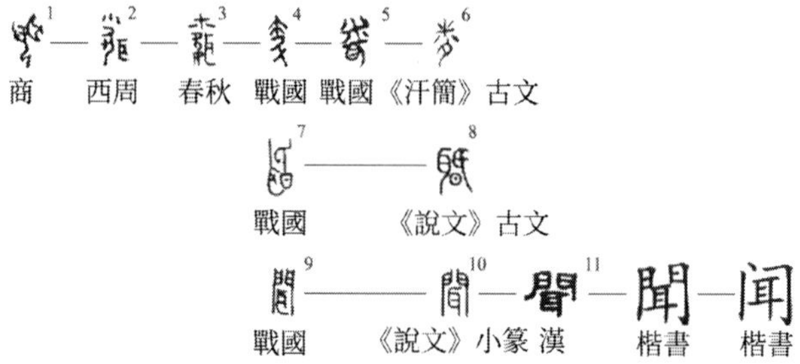

圖 4-7　「聞」的演變[26]

「達」字形的演變如圖 4-8 所示，從辵，羍聲。羍本義為小羊羔，《說文》曰從羊、大聲。金文達字聲符從羊。到戰國時期，簡帛文字中聲符羍又有多種變形，下部或省作「二」，又或繁增一「口」。至《說文》小篆羍上部變作「大」，漢代隸變後又多作「土」。下部的羊在漢代又省掉一橫，則羍變作了「幸」，實與幸字無關。達甲骨文或從辵、大聲，又或從彳，與《說文》或體同。達本義為通達無阻，引申為到達、通曉、明白、豁達、顯貴、表達、送達、引進、通行等意義。

[26]　李學勤，《字源》。天津：天津古籍出版社，2012：1048。

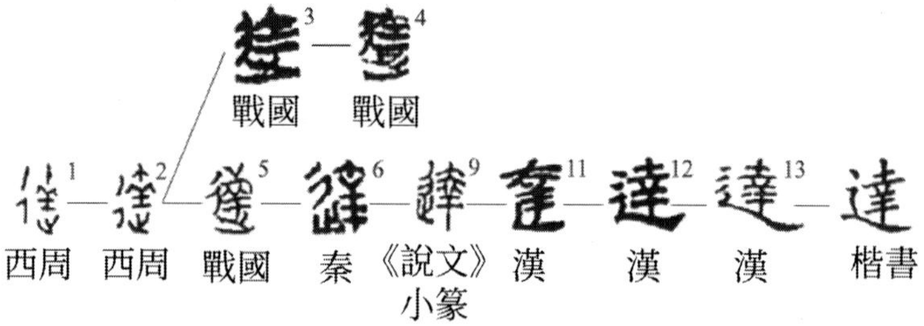

圖 4-8　「達」的演變 [27]

拓展與延伸

一、偽君子王衍

王衍，字夷甫，琅琊臨沂（今山東省臨沂市）人，出身於魏晉高門琅琊王氏。他外表俊秀，風姿文雅，常把自己比作子貢，他的名氣很大，為世人所傾慕。他擅長玄理，專門談論《老子》、《莊子》。無論是朝廷高官或是在野人士，都很仰慕他，稱他為「一世龍門」。

王衍的妻子郭氏是惠帝皇后賈南風的親戚，憑藉賈后的權勢，她剛愎貪婪，性情暴戾，搜刮財物，貪得無厭，喜歡干涉別人的事情。王衍口中從來不提錢這個字。郭氏想試試他究竟會不會說，就讓奴婢用錢繞床一圈，讓他不能走出來。王衍早晨起來看到錢後，就對奴婢說：「把這些東西（阿堵物）都拿走！」

[27]　同 29：126。

王衍後來當了宰相，卻不認真治理國家，只考慮在紛繁變亂的局勢中，如何能夠使自己及家族長久生存下去，他為自己精心鋪設了一條退路。青州和荊州都是當時的軍事要地，物產也很豐饒。因此，王衍對東海王司馬越說：「中原現在已經大亂，應該依靠各地負責的大臣，因此應該選擇文武兼備的人才出任地方長官。」於是王衍就讓弟弟王澄為荊州刺史，族弟王敦為青州刺史，並對王澄、王敦說：「荊州有長江、漢水的堅固，青州有背靠大海的險要。你們兩個鎮守外地，而我留在京師，就可以稱得上三窟了。」當時有見識的人都很鄙夷他，覺得他是個偽君子。

二、仁者劉備

劉備（見圖 4-10）是三國時少有的仁君。曹操南來攻打荊州，劉表已死，劉琮要投降；諸葛亮認為劉備唯一的出路是襲取荊州，劉備卻不肯。劉備去找劉琮，劉琮不敢見他，劉琮身邊的許多人隨劉備而去；劉備辭別劉表墳墓後去往當陽，十餘萬人跟著他走，日行十來里。

劉備喜歡結交豪俠，他身邊的關羽、張飛、趙雲都是豪俠，黃忠、魏延出於行伍，馬超是邊地軍閥，劉備對他們都很信任。

陳壽在《三國志》中評價劉備意志堅定、寬厚仁德、知人善任、禮待下人，有漢高祖劉邦的風範，有英雄的氣量。

圖 4-10　劉備畫像 [28]

遷移與小試

在當今社會，要達到「達」的境界並非易事，但我們可以從以下幾個方面努力。

第一，我們要立身端正，這意味著我們要有正直的品格，不做違背良心和道義的事情。

第二，我們內心要充滿正義感，對待他人要公正無私，不偏袒、不歧視。

第三，在言行上，我們要保持謙虛，不張揚、不炫耀，尊重他人的意見和感受。

[28]　《辭海》編輯委員會，《辭海》。6 版。上海：上海辭書出版社，2009：1411。

第四，我們要不斷提升自己的能力，以便更好地應對各種複雜的情況。

第五，在為人行事方面，我們要做到練達，即處理事情要果斷得體，不拖泥帶水。這需要我們具備豐富的知識和經驗，以及敏銳的觀察力和判斷力。只有這樣，我們才能在複雜的社會環境中遊刃有餘，做到真正的「達」。

總之，做到「達」需要我們不斷地自我修練和提升，保持正直、謙虛、勤奮和學習的態度。只有這樣，我們才能在當今社會中立足，成為一個真正有價值和受人尊敬的人。

第四節　過、不及

名著與生活

在《論語》中，過和不及是一組相對的概念。子貢問：「師與商孰賢？」子曰：「師也過，商也不及。」曰：「然則師愈與？」子曰：「過猶不及。」（《論語‧先進》）子貢問孔子：「顓（ㄓㄨㄢ）孫師（子張）和卜商（子夏）兩個人，誰強一些？」孔子道：「師呢，有些過分；商呢，有些趕不上。」子貢道：「那麼，師強一些嗎？」孔子道：「過分和趕不上同樣不好。」

孔子認為，對於一個客觀存在的標準來說，「過」與「不及」都不好，都不是中庸。「依照現在我們的觀點來說，過與不及乃指一定事物在時間與　空間中運動，當其發展到一定狀態時，應從量的關係上找出與確定其一定的質，這就是『中』，或『中庸』，或『時中』。」孔子認為最好的方式是掌握兩端，取其中間。當然，這裡的中間不是一個簡單的長度概念，並非剛　好二分之一處，實際上是恰到好處，即適中。

思考與聯想

在學習中，過度努力可能會導致過度焦慮和疲憊，而放任自流則可能導致懶惰並失去動力。那麼，在學習過程中，你如何看待努力和放鬆的關係？你認為如何才能在學習中掌握兩端，取得更好的成績和學習體驗呢？

一、個人發展

在個人發展中，過與不及都可能對我們的成長產生負面影響。孔子的中庸之道提醒我們，應該在個人發展中找到平衡。我們應該努力追求目標，但也要學會放鬆和接受自己。只有在努力與放鬆之間找到平衡，才能實現個人的全面發展。

二、人際關係

在人際關係中，過與不及同樣存在著風險。過度依賴他人可能失去獨立性和自我，而過度疏遠和獨立可能會使自己孤獨並與他人產生隔閡。中庸之道告訴我們，在人際關係中，應該保持適度的依賴和獨立。我們應該學會與他人合作，但也要保持自己的獨立性和個性。只有在依賴與獨立之間找到平衡，才能建立健康的人際關係。

三、社會環境

在社會環境中，過和不及同樣會對社會造成負面影響。過度的競爭和爭鬥可能導致社會的分裂和衝突，而過度的和諧與安逸可能導致社會的停滯和倒退。中庸之道教導我們，在社會環境中應該保持適度的競爭和合作。我們應該競爭但也要合作，只有在競爭與合作之間找到平衡，才能實現社會的和諧與穩定。

究底與尋根

金文過從止，辵、止為義近形符，古文字中常可通。咼，從口、冎聲。冎乃骨之初文，從口，表示口歪斜。咼作聲符形體不是很穩定，戰國時有作「」形，至漢代則有咼、等諸形，楷書主要承襲了第一個形體。現代漢字因草書楷化而以「寸」代替了「咼」，「過」遂寫作了「過」。「過」字形演變如圖4-11所示。

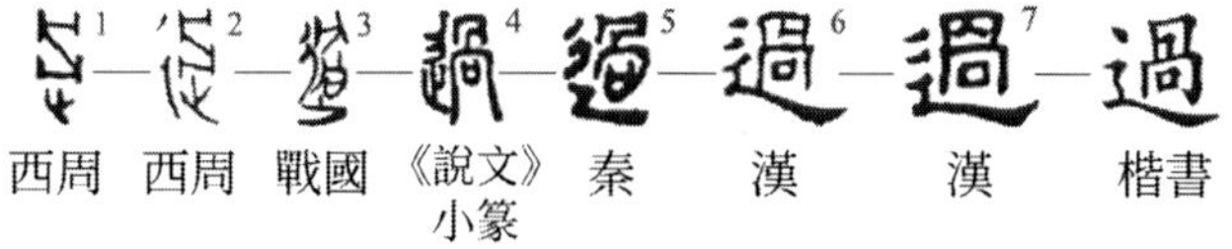

圖 4-11　「過」的演變[29]

[29]　李學勤，《字源》。天津：天津古籍出版社，2012：116。

「過」本義為經過。《論語．憲問》:「子擊磬於衛，有荷蕢而過孔氏之門者。」引申為渡過、過去、拜訪、給予、轉移、超過、過分、過失、責備等義。也可表示度過、過活，或過繼、入贅、嫁入，或委婉表示去世。過可作量詞，相當於遍、次。

及，從人，從又，其字形演變如圖 4-12 所示。《說文》云：「及，逮也。」「及」本義為追趕上，這個本義在古書中常用。例如，《論語．季氏》:「見善如不及，見不善如探湯。」「到達」、「連及」等義都由本義引申而來。不及表示趕不上。

圖 4-12　「及」的演變[30]

[30]　同 32：223。

拓展與延伸

一、不要畫蛇添足

戰國時，昭陽為楚國大將，當時昭陽已攻下魏國的八座城池，又計劃討伐齊國，於是齊王派陳軫前來遊說昭陽，請他不要攻打齊國，陳軫就引用了「畫蛇添足」的故事。

在楚國有個專管廟堂祭祀的人，他把一壺酒賞給辦事的人們。但是人多酒少，不夠大家分喝，於是大家商量了一下，決定採用在地上比賽畫蛇的方式，誰先畫好一條蛇，誰就可以喝那壺酒。比賽開始之後，有一個人畫得很快，不一會兒就畫好了蛇，於是便拿起酒準備喝，看著別人還在慢慢地畫著，他就左手拿著酒壺，右手握著筆又在地上畫了起來，並且得意地說：「我還能有時間為蛇畫上腳呢！」蛇腳還沒畫好，另一個人已經畫好了蛇並把酒搶過去，說：「蛇本來就沒有腳，你怎麼能再替蛇添上腳呢！」說完，他就把酒給喝了。那個替蛇畫上腳的人最後失去了原本屬於他的那壺酒。

二、孟子批評陳仲子

匡章曰：「陳仲子豈不誠廉士哉？居於（ㄨ）陵，三日不食，耳無聞，目無見也。井上有李，螬（ㄘㄠˊ）食實者過半矣，匍匐往將食之，三咽，然後耳有聞，目有見。」

孟子曰：「於齊國之士，吾必以仲子為巨擘焉。雖然，仲子惡能廉？充仲子之操，則蚓而後可者也。夫蚓，上食槁壤，下飲黃泉。仲子所居之室，伯夷之所築與？抑亦盜跖之所築與？所食之粟，伯夷之所樹與？抑亦盜跖之所樹與？是未可知也。」

曰：「是何傷哉？彼身織屨，妻辟纑，以易之也。」

曰：「仲子，齊之世家也。兄戴，蓋祿萬鍾。以兄之祿為不義之祿而不食也，以兄之室為不義之室而不居也，辟兄離母，處於於陵。他日歸，則有饋其兄生鵝者，己頻顣曰：『惡用是鶂鶂（一丶）者為哉？』他日，其母殺是鵝也，與之食之。其兄自外至，曰：『是鶂鶂之肉也。』出而哇之。以母則不食，以妻則食之；以兄之室則弗居，以於陵則居之。是尚為能充其類也乎？若仲子者，蚓而後充其操者也。」

匡章說：「陳仲子難道不是真正的正直廉潔之人嗎？他居住在於陵，三天不吃飯，耳朵聽不見，眼睛看不到。井邊有棵李子樹，金龜子的幼蟲已蛀食大半，他摸索著爬過去取來吃，吞嚥了三口，耳朵才聽得見，眼睛才看得見。」

孟子說：「在齊國的人士中，我必定是把陳仲子看成頂呱呱的人。然而，仲子怎麼稱得上廉潔呢？如果要推廣仲子的操守，那只有變成蚯蚓才能做到。蚯蚓吞食地面上的乾土，飲用地下的泉水。仲子所居住的房屋，是像伯夷那樣廉潔的人建造的呢？還是像盜跖那樣的強盜建造的呢？他所吃的糧食，是像伯夷那樣廉潔的人種植的呢？還是像盜跖那樣的強盜種植的？這些都還不知道啊！」

匡章說：「這有什麼妨礙呢？他親自編織草鞋，妻子紡織麻線，他用草鞋和麻線換來房屋和糧食。」

孟子說：「仲子出身於齊國的大家世族，他的哥哥陳戴在蓋邑有封地，年收入萬鍾。他認為他哥哥的俸祿不是以最佳行為方式得來的，因此不食用；認為他哥哥的房屋不是以最佳行為方式得來的，因此不居住。他避開哥哥和母親，獨自住到於陵。有一天回來，正好碰上有人送一隻鵝來，他皺著眉頭說：『要這嘎嘎叫的東西做什麼？』過了幾天，他母親殺了這隻鵝給他吃，他正吃著，他哥哥從外面回來，說：『這便是那嘎嘎叫的東西的肉。』仲子一聽，便跑到外面把肉嘔吐出來。母親的東西不吃，卻吃妻子的食物；兄長的房屋不住，卻去住於陵的房屋，這樣能稱得上是廉潔的典範嗎？像陳仲子這樣的人，恐怕只有把自己變成蚯蚓後才符合他的廉潔作風吧？」

遷移與小試

孔子在論述他的中庸之道時，明確指出了「過」與「不及」都不是理想的狀態，真正的智慧在於掌握兩端，取其中間。這一思想對於我們今天的生活和工作仍然具有重要的指導意義。那麼，在現代社會中，我們如何才能真正地掌握分寸，避免走入「過」與「不及」的失誤呢？

首先，我們需要明確自己的目標和價值觀。只有清晰地知道自己想要什麼，才能避免盲目追求和過度放縱。同時，價值觀也是我們判斷行為是否適度的標準。當面對選擇時，我們可以問問自己：「這樣做是否符合我的價值觀？」如果答案是否定的，那麼很可能就是「過」或「不及」了。

其次，我們要學會權衡利弊。在做出決策之前，我們應該充分考慮各種可能的結果和影響，包括對自己、對他人以及對社會的影響。透過權衡利弊，我們可以更全面地了解自己的行為可能帶來的後果，從而做出更加明智的選擇。

再次，我們還要學會傾聽他人的意見和建議。孔子說：「三人行，必有我師焉。」這意味著我們應該善於向他人學習，聽取他們的意見和建議。當我們面臨困境或做出重要決策時，不妨多聽聽他人的看法，這有助於我們更加全面地了解問題，避免走入極端。

最後，我們要保持平和的心態。在現代社會中，我們面臨著種種壓力和誘惑，很容易焦慮和不安。然而，只有保持平和的心態，我們才能更好地應對挑戰和困難，避免因為情緒失控而做出過激或保守的行為。

綜上所述，要掌握分寸、避免「過」與「不及」，我們需要明確自己的目標和價值觀、學會權衡利弊、傾聽他人的意見和建議以及保持平和的心態。只有這樣，我們才能在複雜多變的社會環境中保持清醒的頭腦和穩定的情緒，做出更加明智和適度的選擇。

第五節　仁者、智者

名著與生活

在《論語》中，仁者與智者都是孔子所稱讚的，孔子對仁者和智者都有著深刻的探討。仁者以善良、寬容和關愛他人而聞名，智者則因聰慧、洞察和明智而備受尊敬。這兩種人所具備的特質在生活中都有著重要的價值。

仁者在生活中展現出的是一種寬廣的胸懷和慈愛的心靈。他們以善待他人為己任，不計較私利，而是努力去關心、支持和幫助他人。他們深信善待他人能夠促進社會的和諧與進步。在《論語》中，孔子說過，「己所不欲，勿施於人」，這句話正是仁者行為準則的核心。仁者明白，人與人之間的相互理解和尊重是建構良好人際關係的關鍵，也是實現個人與社會和諧共處的基礎。

智者則以其卓越的智慧和見識指引著生活的方向。他們不僅具有豐富的知識和經驗，更能夠運用自己的智慧解決各種問題和挑戰。智者不會被情緒所左右，而是以理性和冷靜的態度去分析和應對各種情境。在《論語》中，孔子也強調了智者的重要性，他認為「知之為知之，不知為不知」，這句話意味著智者能夠了解自己的知識範圍，勇於承認自己的不足，從而不斷地學習和進步。

思考與聯想

在《論語》中，仁者與智者之間的互動如何促進道德與智慧的共同發展？孔子在《論語》中強調了智慧與仁愛的關連，那麼在現實生活中，你認為一個人如何能夠同時培養和平衡自己的智慧和仁愛之心呢？

綜上所述，從道德倫理、社會角色和人生境界等角度來看，《論語》中的仁者與智者存在著密切的關係，二者相輔相成、相互促進，共同構成了儒家思想中的重要理念。仁者和智者的關係不僅體現了儒家倫理思想的核心價值觀，也為我們指引了一條道德和智慧並重的人生之路。

一、道德倫理

從道德倫理的角度來看，仁者和智者的關係體現了儒家倫理思想中的「仁者智者」理念，即一個人若要成為真正的仁者就必須具備智慧；而一個人若要成為真正的智者，就必須具備仁愛之心。在《論語》中，孔子強調了智慧與仁愛的關連，認為一個人只有在內心充滿了仁愛之心時，才能真正地理解和應用智慧。因此，從道德倫理的角度來看，仁者和智者並非完全獨立的兩個概念，而是相輔相成、相互依存的。

二、社會角色

在社會中，仁者和智者都扮演著重要的角色，但他們所擔負的責任和作用有所不同。仁者通常被視為社會的道德楷模和領袖，他們以仁愛之心對待他人，努力幫助他人，促進社會的和諧與穩定。智者則往往在決策和問題解決中發揮著重要作用，他們憑藉自己的智慧和見識為社會提供方向和解決方案。

然而，從社會角色的角度來看，仁者和智者也體現了一種互補和合作的關係。在現實社會中，仁者和智者往往需要相互合作，共同促進社會的發展和進步。智者需要仁者的支援和鼓勵，以便讓他們的智慧能夠真正造福於社會；而仁者也需要智者的指引和建議，以便讓他們的仁愛之心能夠得到更好的實踐和體現。因此，從社會角色的角度來看，仁者和智者的關係是相互依存、相互促進的。

三、人生境界

在人生境界的層面上，《論語》中的仁者和智者被視為追求道德與智慧的人生理想。仁者透過對待他人的仁愛之心，追求內心的高尚品格和道德境界；智者則透過不斷地學習和思考，追求智慧和見識的提升。然而，在儒家的傳統觀念中，仁者和智者往往被視為人生境界的兩個重要方面，是構成完整人格的重要元素。

從人生境界的角度來看，仁者和智者的關係體現了人生的完整性和豐富性。一個人如果只有智慧而缺乏仁愛之心，那麼他的人生是不完整的；同樣，一個人如果只有仁愛之心而缺乏智慧，那麼他的人生也將是不完整的。因此，從人生境界的角度來看，仁者和智者之間的關係是相輔相成、相互促進的，二者共同構成了完整而豐富的理想人生。

究底與尋根

金文「仁」從人從二，人亦聲，表示人與人的親和關係；戰國竹簡「仁」字從心，身聲，一說心指人心之關愛，而身亦聲亦義，指懷孕的婦人，故仁直指對他者出自本心的關愛。「仁」的字形演變如圖 4-14 所示。

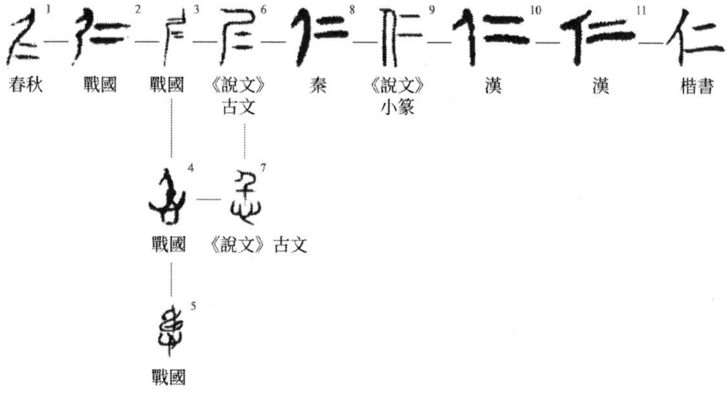

圖 4-14　「仁」的演變 [31]

「智」的甲骨文從大從口從子，其異體不從口而從冊，表示大人把簡冊上的知識傳授給小孩之意，有知識才有智慧，故

[31]　李學勤，《字源》。天津：天津古籍出版社，2012：698。

「智」引申表示智慧。西周金文多上從大從口從於下從甘，甲骨文和後期金文不從大而從矢，矢是大的訛變，于是子的訛變（見圖 4-15）。

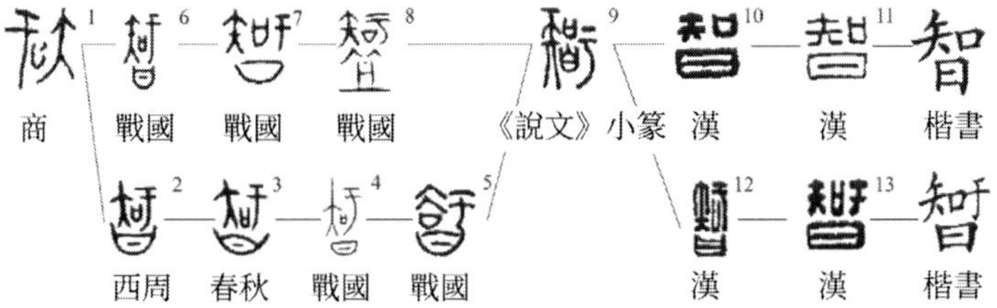

圖 4-15　智的演變 [32]

拓展與延伸

一、智者晏子：晏子使楚

齊國派遣晏子作為使者出訪楚國。晏子從大門進入楚國，見到了楚王。楚王一開始就對晏子表示了輕視，他問晏子：「齊國難道沒有人了嗎？怎麼派你來做使者？」晏子回答說：「齊國的人口眾多，每個人都能夠揮汗如雨，比肩接踵，怎麼會沒有人呢？」楚王接著問：「那麼為什麼派你來做使者呢？」晏子巧妙地回答：「我們齊國派遣使者有個規矩，賢能的人被派遣到賢能的君主那裡去，不肖的人被派遣到不肖的君主那裡去，而我晏嬰是最不肖的人，所以只好被派遣到楚國。」

[32]　李學勤，《字源》。天津：天津古籍出版社，2012：291。

接著，楚王又設計了一個陷阱來羞辱晏子。他命人綁著一個人從晏子面前走過，並問這個人是哪裡人，其回答說是齊國人。楚王問這個人犯了什麼罪，其回答說犯了盜竊罪。於是楚王對晏子說：「齊國人本來就善於偷盜嗎？」晏子離席回答說：「我聽說橘子生長在淮南就是橘子，生長在淮北就變成枳，只是葉子相似，它們的果實味道卻不同。這是為什麼呢？是因為水土不同啊。這個人生長在齊國不偷盜，一到楚國就偷盜，難道是因為楚國的水土使人善於偷盜嗎？」

晏子的回答讓楚王無言以對，他既巧妙地反駁了楚王的指責，又維護了齊國的尊嚴。晏子在〈晏子使楚〉這個故事中展現出了智者博學多識、善於觀察和思考、機智勇敢、能言善辯等特點。

二、仁者晏子：晏子輔佐齊景公

晏子愛民恤民，他所輔佐的齊景公則只知享樂，不問百姓疾苦，且濫於用刑。晏子和齊景公在政治上是君臣關係，在倫理上則是對立關係。晏子為人臣，要行仁政必須透過齊景公，而要齊景公改弦易轍是天大的難事。一年，齊國大飢，晏子請求開倉發粟，賑濟災民，齊景公不許，並要大興土木，建路寢之臺（古代君主聽政之所）。

在這樣進退維艱的情況下，晏子命官吏提高工酬，延緩工期，三年後路寢乃成，既未違君命，百姓也因其受惠。

齊景公有許多癖好，如愛馬、愛鳥、愛竹、愛槐。間有犯之者，或司其事而偶有所失者，必嚴懲不貸。一個養鳥人丟失了一隻鳥，齊景公大怒，立命斬首。晏子知道要阻止齊景公是不可能的，就順水推舟以「歸謬」。他對齊景公說此人罪固當斬，請讓臣先數之，令其死而無怨。乃斥之曰：你為我君養鳥而失之，其罪一；你使我君為一鳥之故而殺人，其罪二；此事令各國聞之，將以為我君重鳥而輕士，其罪三。字面上都是養鳥人的罪狀，實則一步步揭示出齊景公此舉的荒唐及嚴重後果。這種詭譎之諫使齊景公毫無心理戒備，不自覺地服下一劑醫治嗜殺惡習的良藥。

遷移與小試

在現實生活中，我們修身成為仁者、智者的方法有很多。具體建議如下。

(一) 培養仁愛之心

首先，我們應該尊重他人的權利和感受，避免傷害他人的尊嚴和利益。在與他人交往時，要表現得友善和包容，積極傾聽對方的意見和想法。

其次，我們應該關注他人的需求和困難，主動提供幫助和支援。透過關愛他人，我們可以培養自己的同情心和同理心，增強與他人的情感連結。

最後，我們應該秉持公正的原則，對待他人不偏不倚。在處理糾紛和衝突時，要公正地評估事實，維護公平正義的價值觀。

(二) 提升智慧水準

首先，我們應該保持學習的熱情，不斷汲取新知識、新技能。透過學習，我們可以拓寬自己的視野，增強解決問題的能力。

其次，我們應該培養自己的思考能力，善於分析和解決問題。在面對困難和挑戰時，要保持冷靜和理性，尋找最佳的解決方案。

最後，我們應該鼓勵自己嘗試新事物、新方法，勇於挑戰傳統觀念。透過創新，我們可以發掘新的可能性，推動個人和社會的進步。

(三) 在實踐中實現仁智結合

我們應該將仁愛之心融入智慧，用愛心去指導我們的思考和行動。在追求個人利益的同時關注他人的利益，實現雙贏。

同樣，我們應該運用智慧去更好地實踐仁愛。透過了解他人的需求和困境，我們可以找到更有效的援助方式；透過分析和解決問題，我們可以為他人創造更好的生活條件。

總之，修身成為仁者、智者需要我們不斷地培養仁愛之心、提升智慧水準，並在實踐中實現仁智結合。只有這樣，我們才能更好地應對生活中的挑戰和困難，成為一個有道德、有智慧的人。

第六節　出世、入世

名著與生活

孔子治學強調人的社會責任，注重經世致用，即「入世」。孔子主張積極用世的基本原則是「天下有道則見，無道則隱」(《論語・泰伯》)。「有道則現」，即「入世」，指兼濟天下，以盡社會責任；「無道則隱」，即「出世」，指不願意助紂為虐，因而只能退而求其次，只能「隱居以求其志」(《論語・季氏》)，即以另外一種方式實現自己的人生目標和社會理想。因此在《論語》中，我們可以很明顯地看到孔子的兩副面孔，而孔子的一生時時刻刻都伴隨著「入世」與「出世」的矛盾。

思考與聯想

在儒家哲學中，出世與入世是如何相互補充、相互促進的？這種關係在現代社會中是否仍然適用？

你認為出世與入世的辯證關係對於個人的成長和社會的和諧有何重要意義？如何在實際生活中運用這種理解來指導我們的行為和決策？

一、志於道與知命

孔子胸懷天下，親近志士仁人，所謂「泛愛眾，而親仁」(《論語・學而》)，其遠大目標在於恢復與遵循周禮，重構社會秩序，建立一個「選賢與能，講信修睦。故人不獨親其親，不獨子其子，使老有所終，壯有所用，幼有所長，矜、寡、孤、獨、廢疾者，皆有所養」、「謀閉而不興，盜竊亂賊而不作，故外戶而不閉」的「天下為公」的「大同」社會。

不過，支撐孔子胸懷天下的遠大理想的深厚基礎，或曰形而上學基礎，則是其對大道的信奉與堅守。孔子曾言：「志於道，據於德，依於仁，遊於藝。」（《論語．述而》）這既是孔子的教學總綱，又是其關於人生信念與自我修行次第或處世立身基本原則的「夫子自道」（《論語．憲問》）。

孔子曾說「朝聞道，夕死可矣」（《論語．里仁》），就是把「道」看得比自己的生命還重要。據此可見，「道」在孔子心目中具有壓倒一切的根本性、崇高性和神聖性。按照王弼的解釋，人之得「道」為「德」，所謂「德者，得也」。「仁」不過是「德」的核心綱目而已，「遊於藝」中的「藝」，則一般指禮、樂、射、御、書、數。顯然，相對於「道」而言，「德」、「仁」、「藝」只具有從屬或次級性的地位。

進而言之，孔子「志於道」中的「道」或曰大道，既然與老子思想中的「道」有著共同或相通的內涵，那麼，「志於道」中的「道」的內涵，無疑也是指萬物執行或萬物創生之原動力，也是道德價值或社會正義的泉源，或直接就是社會正義或真理本身。因此，孔子「志於道」，就是立志於創造，即「生生」，立志與宇宙人生的真理或社會正義在一起，而在現實的政治實踐中，就是要實現「天下為公」的「大同」社會理想。

孔子並沒有僅僅停留於坐而論道的層次，而是積極地起而行，「知其不可而為之」(《論語．憲問》)，即便「厄於陳蔡之間」[33]（《孟子．盡心下》)，「絕糧七日，外無所通，藜羹不充，從者皆病」(《孔子家語．在厄》)，孔子依然初心未改，「慷慨講誦，弦歌不衰」(《孔子家語．在厄》)，至於最後的結果如何，自己的政見能否被採納、實行，孔子認為這是「命」，非個人的力量所能左右。孔子說，「道之將行也與？命也。道之將廢也與？命也。」(《論語．憲問》)

在孔子看來，一個真正的君子應該知命，無論人生際遇如何，都應平靜地面對，「不怨天，不尤人」(《論語．憲問》)，否則，就不能算是君子，所謂「不知命，無以為君子也」(《論語．堯曰》)。

二、無道則隱

孔子一生，當「入世」時則「入世」，當「出世」時則「出世」，「無可無不可」(《論語．微子》)，「時止則止，時行則行」，因而被後世尊稱為「聖之時者」。

孔子選擇「出世」(隱居)，當然不是為了「出世」而「出世」，而是「與時消息」，與時俱進，因為天下無道，世道暗而不明，所以只好選擇「出世」。

---

[33]　楊伯峻，《孟子譯注》。北京：中華書局，2005：306。

孔子深知生活非常複雜，有時甚至異常殘酷。在殘酷的現實面前，一個正直的人該如何演好自己的角色、擺正自己的位置，該如何遊走於動盪不定的人世間？孔子的答案非常明確，那就是順道而行。

孔子篤信而堅守善道，主張順道而行，其內在的邏輯即「天下有道則見，無道則隱」（《論語‧泰伯》），或曰「用之則行，捨之則藏」（《論語‧述而》）。

一方面，在孔子看來，天下有道，世態清平，士人出仕，「行義以達其道」（《論語‧季氏》），「見善如不及」（《論語‧季氏》），服務於社會民眾，「當仁不讓」，這就是「立功」，可以讓有限的生命融於無限，成為不朽，此謂孔子終生心儀之事業。孔子曾非常肯定齊國賢相管仲的歷史功績，指出，「管仲相桓公，霸諸侯，一匡天下，民到於今受其賜。微（沒有）管仲，吾其被髮左衽矣。」（《論語‧憲問》）

然而，另一方面，天下無道，社會毫無正義可言，士人應該怎麼辦？孔子認為，在這種情況下，一個真正的士君子，不應該悲觀沮喪，更不應該歇斯底里，而應該依然順道而行，毅然心懷正氣，毫不猶豫地「出世」，即遠離現行政治體制以「從其所好」，或寄情於山水，或隱居於鬧市，或潛心於教書育人，總之，自己純潔的品德不能被玷汙，遠大的志向不能有絲毫動搖。在孔子看來，越是這種困窘的人生關口，越能檢驗一個士人的氣節是否堅定，所謂「舉世混濁，清士乃見」。孔子曾說，

「歲寒，然後知松柏之後凋也。」（《論語・子罕》）衛國大夫蘧伯玉，「邦有道，則仕」，「邦無道」則能「卷而懷之」。顯然，蘧伯玉就是在人生重要關口能夠做出明智抉擇的人。因此，孔子讚嘆道，「君子哉蘧伯玉！」

當然，孔子主張無道則隱，並非推崇明哲保身，而是讚賞「隱居以求其志」（《論語・季氏》），即避世隱居，最終還是為了保持自身的高潔品德，成就自己的遠大志向。

三、寄情山水，樂於典籍編撰與教化

孔子主張「隱居以求其志」，曾言「道不行，乘桴浮於海」（《論語・公冶長》）。孔子所言「海」者，非確指海洋，乃泛指自然、山水、花鳥、魚蟲等。孔子說，「道不行」，即大道或自己的仁政不能得到實施，那麼我便退隱，將自我融身於山水自然之中，人就無須任何的矯飾，於是人最為原始的品性與自然萬物的原生態相融合，即所謂真美善合一、天人合一。這顯然是進入了一種超越是非，乃至超越了道德的審美境界。

孔子試圖運用《詩》、《書》、《禮》、《樂》等內蘊的人文精神熏習民人，確保民人不要過於粗野，致力於讓其成為「文質彬彬」的君子，強調「君子博學於文，約之以禮」（《論語・雍也》），孔子認為，唯有如此，人們才不容易離經叛道，社會秩序才有基礎性或根本性的保證，「致中和，天地位焉，萬物育焉」（《論語・中庸》）的理想才有成為現實的可能。

總之，孔子以整理典籍、修史、傳道授業解惑為樂，不知疲倦，不畏艱辛，不計榮辱，全然忘卻憂愁與貧窮，甚至忘卻了歲月的流逝，陶醉於自己喜歡的事業之中。

究底與尋根

「出世」一詞出自《南齊書．顧歡傳》：「孔、老治世為本，釋氏出世為宗。」意思主要指企圖擺脫世俗生活，遠離現實中的種種不完美，以期進入一種完美的狀態。不過，中國在先秦時就有「出世」的觀念。老子就曾對孔子說：「君子得其時則駕，不得其時則蓬累而行。」

「入世」一詞則出現得早得多。劉向《九嘆．惜賢》：「妄周容而入世兮，內距閉而不開。」意思是參與社會實踐。孔子說：「名不正，則言不順；言不順，則事不成；事不成，則禮樂不興；禮樂不興，則刑罰不中；刑罰不中，則民無所措手足。」（《論語．子路》）孔子還強調要「君君，臣臣，父父，子子」（《論語．顏淵》），並且大力宣傳他的「仁」的理論，認為「一日克己復禮，天下歸仁焉」（《論語．顏淵》）。不難看出，孔子十分重視人們在社會中的關係，要求人都能按照某種適當的行為規範來行事，追求建立一個人們能克制自己，合乎「禮」的好（仁）的社會。

拓展與延伸

一、諸葛亮治蜀

在漢末亂世，諸葛亮（見圖 4-18）並沒有消極避世，而是將個人才能和智慧投入推動社會進步和國家發展中。

圖 4-18　諸葛亮畫像[34]

他早年隱居於隆中，但並非完全脫離世事，而是密切關注國家大事，思考治國安邦之策。當劉備三顧茅廬請他出山時，他看到了劉備憂國憂民的心，決定出山相助。

劉備逝世後，諸葛亮繼承了劉備的遺志，輔佐劉禪治理國家，推動蜀漢的經濟、軍事和文化發展。他整頓吏治，選拔人

[34]　中國大百科全書總編委會，《中國大百科全書》。2 版。北京：中國大百科全書出版社，2009：553。

才，推行法治，加強中央集權，使蜀漢社會秩序井然，國力逐漸增強。

在政治方面，諸葛亮注重選拔德才兼備的人才，不拘資歷和地域。同時，諸葛亮還採取了一系列民生措施，如減輕賦稅、興修水利、鼓勵農業等，使蜀漢經濟得到了恢復和發展。

在軍事方面，諸葛亮以卓越的軍事才能著稱，他留下的〈謀攻〉、〈治軍〉、〈出師〉等軍事著作在軍事歷史上具有重要地位。他親自領兵出征，多次北伐中原，為蜀漢擴張領土，保衛國家安全。同時，諸葛亮還注重培養軍事人才，透過軍事訓練和實戰提高了蜀漢軍隊的戰鬥力。

在文化方面，諸葛亮倡導「禮樂文化」，推動儒學發展，注重文化教育。他親自制定八務、七戒、六恐、五懼等律法，以規範人們的行為。此外，諸葛亮還倡導廉潔奉公、忠誠守信等道德觀念，為蜀漢社會的道德建設做出了貢獻。

二、陶淵明隱居南山

義熙元年（西元 405 年），陶淵明手捧著他最愛的菊花，最後一次出仕為彭澤令，然而同年十一月，他的妹妹程氏在武昌去世，這促使他做出了隱居的決定。他寫下了〈歸去來兮辭〉，表達了自己對歸隱生活的嚮往和期待，隨後解印辭官，開始了他的隱居生活，直至去世。

陶淵明過上了舒適的文人閒居生活，飲酒賦詩，琴書自娛。

他特別喜愛讀書，曾說過：「好讀書，不求甚解，每有會意，便欣然忘食。」這種從讀書中得到快樂的態度，反映了他對精神生活的追求。此外，陶淵明在農活之餘也致力於研學，他對學問的追求和熱愛使他在隱居生活中找到了自己的樂趣和價值。

陶淵明的隱居生活是他對自由、閒適生活的嚮往和追求的具體體現。他的隱居思想和行為對現代人仍具有啟示意義，讓我們在忙碌的生活中也能關注內心的需求和精神的滿足。

遷移與小試

人生如同一幅豐富多彩的畫卷，既有入世的繁華喧囂，也有出世的寧靜淡泊。身為現代人，我們應該積極入世，擁抱生活的挑戰與機遇，用我們的智慧和熱情去創造美好的未來。同時，我們也要學會出世，保持內心的寧靜與平和，在忙碌的生活中尋找心靈的寄託和精神的滿足。

入世意味著我們要勇敢地面對生活的挑戰，積極參與社會事務，為國家的發展和人民的幸福貢獻自己的力量。我們要努力學習知識，提升自己的綜合素養，關注社會熱點，積極參與公益活動，為社會進步貢獻自己的微薄之力。透過入世，我們可以更好地了解社會、感受世界，實現自己的價值和夢想。

然而，人生也需要出世的智慧。在忙碌的生活中，我們要學會放下煩瑣的事務，關注內心的需求和精神的滿足。我們要培養一顆寧靜的心，學會在喧囂的世界中尋找一片屬於自己的寧靜之地。透過出世，我們可以更好地審視自己、反思人生，找到生活的真諦和意義。

第五章 孔門弟子

在《論語》中，孔子的弟子們以獨特的個性和才華展現了不同的學習態度和人生哲學。本章我們一起走進幾位孔門弟子，一窺他們的精神風貌和孔子的教育智慧。

顏回以「聞一知十」的學習能力和「觸類旁通」的智慧著稱。顏回出身貧寒，但勤學好問，安貧樂道，深受孔子讚譽。

子路以率真和勇敢聞名。子路出身寒微，但憑藉自己的努力和孔子的教誨，成為一位有影響力的政治家。

冉求在政治和理財方面有很高的造詣。冉求的為政觀念是「富民」，並且他在實踐中也取得了一定的成就。孔子對冉求的才華給予了肯定，同時指出了他在某些方面需要改進。

子貢則以口才和外交能力著稱。他不僅在商業上取得了巨大成功，也在推廣孔子學說方面也做出了重大貢獻。

曾子以重信守義和「三省吾身」的自省態度聞名。曾子的思想強調了誠信和個人修養的重要性，他的故事和言論對後世產生了深遠的影響，是儒家重要的繼承者。

透過這些弟子的故事，我們可以看到孔子不僅注重知識的傳授，更重視品德的培養和個性的發展。這些故事對現代人而言仍具有啟發意義，能夠鼓勵他們勇於學習，不斷提升自我，並且在生活中堅守誠信和道德原則。

第一節　顏回：清貧淡泊中的大智慧

名著與生活

你在平時學習的過程中會「聞一知十」嗎？如果遇到不開心的事情，你會管控自己的情緒嗎？

思考與聯想

你在日常學習、生活中能夠感受到快樂嗎？你在學習、生活中是否經常遇到困難，你有辦法戰勝困難嗎？你在學習、生活中能夠舉一反三、聞一知十嗎？你知道「聞一知十」這個典故嗎？

究底與追根

聞一知十

「聞一知十」這個成語源自《論語‧公冶長》，子謂子貢曰：「女與回也孰愈？」對曰：「賜也何敢望回？回也聞一以知十，賜也聞一以知二。」孔子有許多得意的弟子，顏回和子貢就是其中的兩位佼佼者。有一次，孔子問子貢：「你和顏回兩個人，哪一個更優秀些呢？」子貢是個特別聰明的人，他自認為已經明白了老師的心思，便謙虛地答道：「我怎麼能和顏回比呢？顏回聽到一件事就能夠推知十件事，而我聽到一件事，至多推知兩件事罷了。」這就是「聞一知十」的由來。

但是，這個對話還有下文，子曰：「弗如也，吾與女弗如也。」其中，「與」字很耐人尋味，其有不同版本的解讀。楊伯峻先生的解釋是「與」讀ㄩˋ，翻譯為「同意、贊同」，那麼「吾與女弗如也」就譯成「我同意你的話，你的確趕不上他」。錢穆先生的解讀是「與」讀音為ㄩˇ，解為「和」，「吾與女弗如也」的意思是「我和你都趕不上他」。

觸類旁通

「觸類旁通」這個成語源自《周易》「觸類而長之，天下之能事畢矣也」，《周易》乾卦也提到「旁通情也」。觸類旁通指當我們思考一件事情的外延時，就能由眼前的一件事推衍到與之相關的其他事情上，這對人的要求比較高，而顏回就能做到。由此可見，顏回是個特別會學習的人。孔子之所以器重他，不僅僅是因為他具有刻苦勤奮的優秀品格，更是因為他能夠做到舉一反三、觸類旁通，對一個問題有深入的分析和領悟能力。因此，睿智聰明的子貢認為自己不如顏回，而孔子應該稱得上博聞強識了，但是他認為在對知識的內化和領悟方面，自己是比不上顏回的。孔子能清醒地認識自己、客觀地評價學生，足見他的智慧和心胸。

一、學習遷移

顏回聞一知十、觸類旁通的學習能力得到了子貢和孔子的認可，如果我們在日常學習中做不到像顏回那樣舉一反三，是否可以透過後天的訓練提升自己的學習能力呢？首先，我們要弄清楚聞一知十、觸類旁通的本質，這種學習方式在心理學上被稱為「同化性遷移」。當一個人學會了一個知識點時，就可以這個認知為起點，將這個認知遷移到本質相同的事物之中，不論問題情境如何變化，只要符合這個知識範疇的都可以歸為一類知識，進而靈活地運用這個知識點解決新問題。

二、走近顏回

孔子的這位得意門生到底是個怎樣的人呢？《史記．仲尼弟子列傳》記載，「顏回者，魯人也，字子淵。少孔子三十歲」。顏回，名回，字子淵，也名顏淵，春秋末期魯國思想家，魯國都城（今山東省曲阜市）人，被尊稱為「復聖」、「孔門七十二賢之首」，是孔子最得意的弟子。他家境非常貧寒，常年居住在陋巷，但他勤勞好學，是孔子忠實的追隨者，用一生踐行孔子的「道」，努力做一個仁德的人。

在《論語》中孔子提到顏回 19 次，孔子認為他德行第一，勤奮好學，智慧聰穎，安貧樂道，淡泊名利，克己復禮，修德向善，大智若愚，不遷怒、不貳過，終日「不違仁」，從這些近乎完美的評價中，不難看出孔子對他的高度認可。

(一) 修德好學

孔子對顏回的德行給予很高的評價。他認為，「回也，其心三月不違仁，其餘則日月至焉而已矣」(《論語．雍也》)。顏回的心中一直不離開仁德，而其他的學生只能在很短時間內做到。孔子對顏回的評價用了《論語》中非常重要的「仁」字，「仁」屬於道德論的範疇，一次行仁容易，如果能夠堅持踐行「仁」道，不受外物影響，這是很難的，長久地堅持需要堅定的意志力、需要自我約束的理性精神。「仁」是孔子思想的核心，它是孔子所建構的理想世界的美好期許，是孔子所認為的孔門弟子應具有的美德的最高層面。孔子很少用「仁」來讚許弟子，甚至在自我內省時認為自己也並沒有達到「仁」德的境界。

從司馬遷的《史記．仲尼弟子列傳》中可知，「回年二十九，髮盡白，蚤死。孔子哭之慟，曰：『自吾有回，門人益親。』」孔子認為顏回優秀但短命，自從顏回成為了他的學生，影響了其他人，其他學生才跟他越來越親近。魯哀公和季康子問孔子「弟子孰為好學？」孔子的回答都是顏回。顏回的好學更多地源自他的上進心，在《論語．子罕》中，孔子評價顏回「吾見其進也，未見其止也」，充分肯定了顏回的努力進取和堅持不懈。

(二) 不遷怒、不貳過

顏回一生「志於道」、「好學不厭」。他的好學表現為「不遷怒，不貳過」。他的過早離世對孔子來說是個沉重的打擊。孔子悲痛欲絕，不斷呼喊「天喪予！天喪予」。他甚至說顏回之後再也見不到像他這樣好學的弟子了。

「不遷怒，不貳過」，就是不把自己的怒氣轉移到其他人身上，也絕不犯同樣的錯。「不遷怒，不貳過」說起來容易，真正實行起來很難。

「不貳過」更是人生待解的難題。「過」，指過失。「不貳過」是不犯同樣的錯。但是，「人非聖賢」，誰能不犯錯呢？孔子一直強調「過而不改，是為過矣」。犯錯不要緊，只要能夠意識到自己的錯，反省錯誤，並及時改正，這就是好的。其實，意識到自己的錯非常難，這需要人有洞察力、判斷力和自省精神。連孔子都說：「吾未見能見其過而內自訟者也。」(《論語・公冶長》) 可見，有錯誤能夠向內反思、自我責備的人少之又少。顏回之所以能夠做到「不貳過」，正是因為他具備清醒地意識錯誤、自我檢討、及時改錯的能力。

(三) 所「樂」何事

北宋周敦頤曾提到「孔顏之樂，所樂何事」的問題，引發了後人對一個人的社會價值和人生理想的思考。這個角度可以幫助我們理解為什麼孔子這麼高調地誇讚顏回。孔顏之樂指的是孔子和弟子顏回共同追求的理想境界，他們追求的不是物質的豐足，而是精神上的豐盈和道德上的完善。具體表現為以下幾個方面。

1. 安貧樂道

孔子和顏回都能在貧困的情況下堅守「仁」，獲得內心的快樂。

子曰：「賢哉回也！一簞食，一瓢飲，在陋巷，人不堪其憂，回也不改其樂。賢哉回也！」（《論語．雍也》）孔子認為顏回最賢德，因為大多數人是無法忍受只有一餐飯、一瓢水，住在窮巷簡陋的居室之中的，但顏回卻依然快樂。顏回的「樂」非常符合儒家積極入世的哲學觀。

1) 學習交友之樂

學習的快樂，如：

「學而時習之，不亦說乎？」（《論語．學而》）

「知之者不如好之者，好之者不如樂之者。」（《論語．雍也》）

交友的快樂，如：

「有朋自遠方來，不亦樂乎？」（《論語．學而》）

「樂節禮樂，樂道人之善，樂多賢友，益也。」（《論語．季氏》）

2) 安貧悟道之樂

「居陋巷……不改其樂。」(《論語 · 雍也》)

「食無求飽，居無求安。」(《論語 · 學而》)

「飯疏食，飲水，曲肱而枕之，樂亦在其中矣。不義而富且貴，於我如浮雲。」(《論語 · 述而》)

2. 用行捨藏

用行捨藏、淡泊名利是顏回的處事態度和努力達到的精神境界。「用之則行，捨之則藏，唯我與爾有是夫！」(《論語 · 述而》) 用捨行藏是指被任用就竭盡所能施展抱負，推行仁道；若是不為所用，就退而隱居。

3. 孔顏之樂的實質

「人不堪其憂，回也不改其樂」的「樂」是一種自我約束和主觀努力，是在外力作用下獲得的快樂。

「樂亦在其中矣」的「樂」是由內而外散發出來的快樂，是一種物我兩忘和自然而然的快樂。

兩種樂殊途同歸，都是對理想人生態度的追尋。

(四) 與顏回有關的章句

《論語》中與顏回有關的章句共 20 句，其中有 19 次是孔子提及顏回，1 次是在《論語 · 子罕》中顏回談到孔子，認為他「仰之彌高，鑽之彌堅」。

2.9 子曰：「吾與回言終日，不違如愚。退而省其私，亦足以發，回也，不愚。」（《論語．為政》）

5.9 子謂子貢曰：「女與回也孰愈？」對曰：「賜也何敢望回？回也聞一以知十，賜也聞一以知二。」子曰：「弗如也，吾與女弗如也！」（《論語．公冶長》）

5.26 顏淵、季路侍。子曰：「盍各言爾志？」子路曰：「願車馬、衣輕裘，與朋友共。敝之而無憾。」顏淵曰：「願無伐善，無施勞。」子路曰：「願聞子之志。」子曰：「老者安之，朋友信之，少者懷之。」（《論語．公冶長》）

6.3 哀公問：「弟子孰為好學？」孔子對曰：「有顏回者好學，不遷怒，不貳過。不幸短命死矣！今也則亡，未聞好學者也。」（《論語．雍也》）

6.7 子曰：「回也，其心三月不違仁，其餘則日月至焉而已矣。」（《論語．雍也》）

6.11 子曰：「賢哉，回也！一簞食，一瓢飲，在陋巷。人不堪其憂，回也不改其樂。賢哉，回也！」（《論語．雍也》）

7.11 子謂顏淵曰：「用之則行，捨之則藏，唯我與爾有是夫！」子路曰：「子行三軍，則誰與？」子曰：「暴虎馮河，死而無悔者，吾不與也。必也臨事而懼，好謀而成者也。」（《論語．述而》）

9.11 顏淵喟然嘆曰：「仰之彌高，鑽之彌堅；瞻之在前，忽焉在後。夫子循循然善誘人，博我以文，約我以禮。欲罷不能，既竭吾才，如有所立卓爾。雖欲從之，末由也已。」（《論語．子罕》）

9.20 子曰：「語之而不惰者，其回也與！」（《論語．子罕》）

9.21 子謂顏淵，曰：「惜乎！吾見其進也，未見其止也。」（《論語．子罕》）

11.3 德行：顏淵，閔子騫，冉伯牛，仲弓。言語：宰我，子貢。政事：冉有，季路。文學：子游，子夏。（《論語．先進》）

11.4 子曰：「回也非助我者也，於吾言無所不說。」（《論語．先進》）

11.7 季康子問：「弟子孰為好學？」孔子對曰：「有顏回者好學，不幸短命死矣，今也則亡。」（《論語．先進》）

11.9 顏淵死。子曰：「噫！天喪予！天喪予！」（《論語．先進》）

11.10 顏淵死，子哭之慟。從者曰：「子慟矣！」曰：「有慟乎？非夫人之為慟而誰為！」（《論語．先進》）

11.11 顏淵死，門人欲厚葬之，子曰：「不可。」門人厚葬之。子曰：「回也視予猶父也，予不得視猶子也。非我也，夫二三子也。」（《論語．先進》）

11.19 子曰：「回也其庶乎，屢空。賜不受命，而貨殖焉，億則屢中。」(《論語．先進》)

11.23 子畏於匡，顏淵後。子曰：「吾以女為死矣。」曰：「子在，回何敢死？」(《論語．先進》)

12.1 顏淵問仁。子曰：「克己復禮為仁。一日克己復禮，天下歸仁焉。為仁由己，而由人乎哉？」顏淵曰：「請問其目。」子曰：「非禮勿視，非禮勿聽，非禮勿言，非禮勿動。」顏淵曰：「回雖不敏，請事斯語矣。」(《論語．顏淵》)

15.11 顏淵問為邦。子曰：「行夏之時，乘殷之輅，服周之冕，樂則韶舞。放鄭聲，遠佞人。鄭聲淫，佞人殆。」(《論語．衛靈公》)

第二節　子路：勇敢直率的行動派

名著與生活

行走在大街小巷，漫步於公共圖書館、校園，隨處可見勵志警句，其中很多名言警句來自《論語》、《禮記》等經典名著，這些警句激勵了一代又一代人，至今廣為流傳，有些甚至成為大學的校訓。

究底與尋根

「自強不息，厚德載物」，出自《易經》中的「天行健，君子以自強不息；地勢坤，君子以厚德載物」。梁啟超先生曾經用《易經》乾卦、坤卦的象辭來激勵當時的學子。自古以來，「自強不息」是很多出身貧寒的學子勤奮苦讀、努力進取的精神力量，他們之中的很多人最終成長為無愧於時代的棟梁，子路便是其中之一。

一、走進子路

(一) 出身寒微

仲由，字子路，又字季路，生於西元前542年，卒於西元前480年，春秋時魯國卞人。「子路，卞之野人。」(《尸子上．勸學》) 這裡的「野人」不是我們常說的粗野之人，「野」是子路所處時代的一種行政區劃，指四郊以外的地區，也就是現在的郊外、鄉村。生活在「野」的人，叫「野人」，從「野」能看出子路身分的卑微。子路年少時家裡很窮，純樸自然的生存環境養成了他忠厚正直、純良的性格，他力氣很大，最初喜歡用勇力解決問題。

(二) 負米侍親

《二十四孝》記載：「周仲由，字子路。家貧，常食藜藿之食，為親負米百里之外。親歿，南遊於楚，從車百乘，積粟萬鍾，累茵而坐，列鼎而食，乃嘆曰：『雖欲食藜藿，為親負米，不可得也。』」子路雖然家裡窮苦，但從不怨天尤人。他非常孝順，想到父母每天和他一起吃的都是藜藿一類粗劣的野菜，就到百里以外的地方背回了米給他們吃，一直堅持到父母去世。父母去世以後，他開始了四方遊歷的生活，累積了一些財富。但面對豐盛的食物，他仍懷念為父母找米吃的日子，一想到如今富裕了，可惜雙親已經不在，便常常獨自傷心嘆氣。

曾子曰：「慎終追遠，民德歸厚矣。」（《論語．學而》）曾子認為，一個人能夠認真處理父母的喪事、恭敬地追念祖先，民風自然會變得純樸。子路侍奉父母盡孝，父母去世後追思，已經是盡心盡力了。

（三）剛直率性

「仲由字子路，卞人也。少孔子九歲。子路性鄙，好勇力，志伉直。」（《史記．仲尼弟子列傳》）子路是孔子的得意門生，他比孔子小九歲。子路性情粗鄙，喜好逞勇武力，性格剛強直爽。從他的打扮「冠雄雞，佩豭豚」我們可以想像出這樣一幅畫面：一個不修邊幅的粗野之人，頭戴著雄雞式的帽子，戴著公豬皮裝飾的佩劍。他還有我們不知道的另外一面，他竟然「陵暴孔子」，就是霸凌過孔子。但子路並不是一個惡人，只能說子路剛剛見到孔子時是塊未加工的璞玉，「孔子設禮稍誘子路」，孔子用「禮」來耐心地引導他，逐漸規範了他的行為。在孔子的引導下，子路也像其他同學一樣，穿上儒生的衣服，專門帶著拜師的禮物，請求孔子收下他這個學生。

二、矛盾的子路

子路在追隨孔子的歲月裡總是有其矛盾的一面，他既擺脫不了魯莽、粗獷的個性，又習得了君子風範，並一生踐行。此外，子路關注現實，孔子更理想化；子路粗放直率，孔子文雅中庸，這本身也是一對矛盾體。

(一) 莽撞好學

子路在求學路上總是如飢似渴地學習知識，並掌握了很多才藝。他是一個非常好學的學生，經常積極地提出問題，在《論語》中他主動提問過九次，涉及十一個問題，主要被記載為「子路問」、「季路問」或「子路問日」、「子路日」等。

1. 恭敬謙虛之問

子路向孔子請教問題時態度謙虛恭敬，在聽孔子講解時也不會無禮反駁。子路進步很快，他在問問題時主題很明確，思路很清晰。他的問題主要集中在「仁德」、「為政」和如何看待「生死」、「鬼神」方面。

孔子啟發子路思考時提到「六言六蔽」，子路非常坦誠地回答從未聽過，於是孔子讓他坐下來向他講授。「好仁不好學，其蔽也愚；好知不好學，其蔽也蕩；好信不好學，其蔽也賊；好直不好學，其蔽也絞；好勇不好學，其蔽也亂；好剛不好學，其蔽也狂。」（《論語．陽貨》）孔子直接指出「仁、知、信、直、勇、剛」六種品德。如果不愛學習，就會有「愚、蕩、賊、絞、亂、狂」六種弊病。概括起來，學習可以避免行為放蕩不羈、說話尖刻傷人、做事魯莽衝動、性格狂妄自大。細細想來，這些弊病子路身上多少都有，針對這些弊病的化解之法均來自孔子的基本理念。如此潤物無聲地點撥、規勸，既符合孔子的一貫教育方式，又有的放矢。

2. 莽撞率性之答

在《論語．先進》中有這樣一個場景，子路、曾點、冉有、公西華侍坐，「侍坐」就是「陪長者閒坐」，在這樣的語境下對話的氛圍是自由輕鬆、和諧融洽的，師生平等對話，學生們可以各抒己見。孔子提出的討論主題是「言志」。

孔子一發問，子路馬上輕率且急切地回答，「千乘之國，攝乎大國之間，加之以師旅，因之以饑饉；由也為之，比及三年，可使有勇，且知方也。」子路假想的是一個中等規模的國家，外有兵患，內有饑荒，如果讓他來治理，三年的時間，他就可以讓人既有勇氣，又懂道義。我們聽起來會覺得子路是個有抱負、很自信、有很強的執政能力的人，字裡行間都飽含著強國的熱情。但夫子聽後卻「哂之」，這裡的「哂」不只是微微一笑，而是笑裡已經帶著譏諷的意味。可見，對子路的莽撞輕率、不夠謙讓，孔子還是有點不滿意的，子路的理想與他的沂水春風、人盡其才的理想世界有所不同。

(二) 鼓勵制約

子日：「衣敝縕袍，與衣狐貉者立，而不恥者，其由也與？『不忮不求，何用不臧？』」仲由衣服破舊，雖然身上還有鄉野之氣，但他與穿裘皮等華服的人站在一起，完全不覺得羞恥，而且他既不嫉妒，也不貪求。孔子對子路的充分肯定讓子路對此感激不已。最後孔子還進行了指正，「是道也，何足以臧」，激勵子路要有高遠志向，不斷修正自己，盡量使自己符合君子的標準。

《論語．先進》中也有這樣的情況，子路問：「聞斯行諸？」子日：「有父兄在，如之何其聞斯行之？」冉有問：「聞斯行諸？」子日：「聞斯行之。」公西華日：「由也問『聞斯行諸』，子日『有父兄在』；求也問『聞斯行諸』，子日『聞斯行諸』。赤也惑，敢問。」子日：「求也退，故進之；由也兼人，故退之。」當子路請教孔子一件事情是否聽到就做時，孔子馬上告誡他，有父親和哥哥在，怎麼能聽到就馬上做呢？冉求問同一問題時得到的答案卻相反，孔子讓他聽到就馬上做。公西華對此疑惑不解，孔子認為冉求好退縮，因此鼓勵他；子路好逞勇，因此壓制一下他。

子路在孔子面前總是一副大膽輕狂、捨我其誰的姿態，所以孔子總是要制約他，力圖讓他回歸到禮上來。

三、君子之風

「質勝文則野，文勝質則史。文質彬彬，然後君子。」（《論語・雍也》）拋開文章的內容和形式的關係不談，子路的「野」是因缺少文化修養，未被儒家禮樂文化薰陶而表現出來的粗野。余英時在〈儒家「君子」的理想〉一文中指出，「如果人依其樸實的本性而行，雖然也很好，但不透過文化教養終不免會流於粗野」、「孔子心目中真正的『君子』一定要『文』與『質』兼備」。

（一）與貧弱者共情

子路出身貧困，心地善良，所以他非常同情勞苦大眾，容易跟與他有相同貧苦經歷的人產生共情。

《韓非子・外儲說右上》記載：「魯以五月起眾為長溝，當此之為，子路以其私秩粟為漿飯，要作溝者於五父之衢而餐之。」子路在做邱邑的長官時，用自己的俸糧為挖長溝的魯國民眾準備稀飯，孔子聽說後，竟然讓子貢倒掉他的飯，砸爛飯碗。孔子認為替魯國百姓備飯是魯國國君的職責。子路非常憤怒，質問孔子，孔子說他粗野，並沒有理解他的主張，子路的行為違背禮法，天子關愛天下百姓，超越應該關愛的範圍就是冒犯。《孔子家語》也有類似的記載：「子路為蒲宰，為水備，與民修溝瀆；以民之勞煩苦也，人與之一簞食、一壺漿。孔子聞之，使子貢止之。」雖然子路擅自擔起國君的職責，有僭越之嫌，不合禮，但從鄉野走出來的他，能深切地體察百姓疾苦，因此他對窮苦百姓更富有同情心。

(二) 與仁者、智者共識

子路向孔子請教過仁、君子、成人、士、勇、為政、聞斯行諸、生死等許多問題，在不斷學習、思考的過程中，子路越來越認同孔子的理念，並且不斷進行自我觀照，使自己的修養達到了較高的水準。他向孔子請教「鬼神、生死」，但「子不語怪，力，亂，神」(《論語・述而》)，孔子強調禮儀教化，不願談論怪異、暴力、叛亂和鬼神，他將目光集中到世俗世界。子路赴任蒲大夫，辭別孔子時，孔子告誡他「蒲多壯士，又難治。然吾語汝：恭以敬，可以執勇；寬以正，可以比眾；恭正以靜，可以報上」(《史記・仲尼弟子列傳》)。蒲邑雖然勇武之士多，難治理，但只要恭謹謙敬，就可以管理勇武的人。

子路認同並追隨孔子，孔子為政，子路也登上了政壇，在如何處理政事、如何處理與君主的關係等方面，他都向孔子虛心請教，不論是做季氏的武官，還是任衛國的蒲邑宰，或是任季氏的總管，他都做得很好。子路由此完成了從鄉野粗人到文武官員的華麗翻身。

(三) 向死而生

孔子說：「吾得由，惡言不聞於耳。」(《史記・仲尼弟子列傳》) 自從有了子路，我再也沒聽到有人對我口出惡言。子路樸實率真，受教於孔子後，用性命去報答孔子的知遇之恩。子曰：「道不行，乘桴浮於海，從我者其由與？」子路聞之喜。子曰：「由也好勇過我，無所取材。」（《論語・公冶長》）孔子說，假如天下人不接受我的主張，我想乘著木筏去海外，跟隨我的恐怕只有仲由了，但是他也提醒子路有些過於好勇。子路聽了他的話是非常高興的，「志伉直」的子路不僅把孔子當成老師來看待，更把他當成知己，孔子「明知不可為而為之」的精神也深深影響了他。孔子是深知子路的，「若由也，不得其死然。」（《論語・先進》）孔子聞衛亂，曰：「嗟乎，由死矣！」已而果死。（《史記・仲尼弟子列傳》）這是孔子對子路的預言，也是知己的心靈感應。

衛國內亂，子路認為自己身為孔悝的蒲宰，必須挺身而出，於是這個從鄉野走出來的率真之人，飛蛾撲火般奔向衛國都城。有人打掉了他的帽子，他想起孔子曾教導過「君子死而冠不免」的話，於是放下刀劍，從容地整理自己的帽子，淡定地迎接衛人的刀劍。為了義，為了禮，忠誠勇敢的子路選擇了慷慨悲壯地赴死。

(四) 與子路有關的章句

2.17 子曰：「由！誨女知之乎？知之為知之，不知為不知，是知也。」（《論語・為政》）

5.7 子曰：「道不行，乘桴浮於海。從我者其由與？」子路

聞之喜。子曰：「由也好勇過我，無所取材。」（《論語．公冶長》）

5.8 孟武伯問：「子路仁乎？」子曰：「不知也。」又問。子曰：「由也，千乘之國，可使治其賦也，不知其仁也。」「求也何如？」子曰：「求也，千室之邑，百乘之家，可使為之宰也，不知其仁也。」「赤也何如？」子曰：「赤也，束帶立於朝，可使與賓客言也，不知其仁也。」（《論語．公冶長》）

5.14 子路有聞，未之能行，唯恐有聞。（《論語．公冶長》）

5.26 顏淵、季路侍。子曰：「盍各言爾志？」子路曰：「願車馬、衣輕裘，與朋友共。敝之而無憾。」顏淵曰：「願無伐善，無施勞。」子路曰：「願聞子之志。」子曰：「老者安之，朋友信之，少者懷之。」（《論語．公冶長》）

6.8 季康子問：「仲由可使從政也與？」子曰：「由也果，於從政乎何有？」曰：「賜也，可使從政也與？」曰：「賜也達，於從政乎何有？」曰：「求也，可使從政也與？」曰：「求也藝，於從政乎何有？」（《論語．雍也》）

6.28 子見南子，子路不說。夫子矢之曰：「予所否者，天厭之！天厭之！」（《論語．雍也》）

7.11 子謂顏淵曰：「用之則行，捨之則藏，唯我與爾有是夫！」子路曰：「子行三軍，則誰與？」子曰：「暴虎馮河，死而無悔者，吾不與也。必也臨事而懼，好謀而成者也。」（《論語．

述而》）

7.19 葉公問孔子於子路，子路不對。子曰：「女奚不曰：其為人也，發憤忘食，樂以忘憂，不知老之將至云爾。」（《論語‧述而》）

7.35 子疾病，子路請禱。子曰：「有諸？」子路對曰：「有之。誄曰：『禱爾於上下神祇。』」子曰：「丘之禱久矣。」（《論語‧述而》）

9.12 子疾病，子路使門人為臣。病間，曰：「久矣哉！由之行詐也，無臣而為有臣。吾誰欺？欺天乎？且予與其死於臣之手也，無寧死於二三子之手乎？且予縱不得大葬，予死於道路乎？」（《論語‧子罕》）

9.27 子曰：「衣敝縕袍，與衣狐貉者立而不恥者，其由也與？『不忮不求，何用不臧？』」子路終身誦之。子曰：「是道也，何足以臧？」（《論語‧子罕》）

10.27 色斯舉矣，翔而後集。曰：「山梁雌雉，時哉！時哉！」子路共之。三嗅而作。（《論語‧鄉黨》）

11.3 德行：顏淵，閔子騫，冉伯牛，仲弓。言語：宰我，子貢。政事：冉有，季路。文學：子游，子夏。（《論語‧先進》）

11.12 季路問事鬼神。子曰：「未能事人，焉能事鬼？」曰：「敢問死。」曰：「未知生，焉知死？」（《論語‧先進》）

11.13 閔子侍側，誾誾如也；子路，行行如也；冉有、子貢，

侃侃如也。子樂。「若由也，不得其死然。」(《論語．先進》)

11.15 子曰:「由之瑟奚為於丘之門?」門人不敬子路。子曰:「由也升堂矣，未入於室也。」(《論語．先進》)

11.18 柴也愚，參也魯，師也辟，由也喭。(《論語．先進》)

11.22 子路問:「聞斯行諸?」子曰:「有父兄在，如之何其聞斯行之?」冉有問:「聞斯行諸?」子曰:「聞斯行之。」公西華曰:「由也問聞斯行諸，子曰『有父兄在』;求也問聞斯行諸，子曰『聞斯行之』。赤也惑，敢問。」子曰:「求也退，故進之;由也兼人，故退之。」(《論語．先進》)

11.24 季子然問:「仲由、冉求可謂大臣與?」子曰:「吾以子為異之問，曾由與求之問。所謂大臣者:以道事君，不可則止。今由與求也，可謂具臣矣。」曰:「然則從之者與?」子曰:「弒父與君，亦不從也。」(《論語．先進》)

11.25 子路使子羔為費宰。子曰:「賊夫人之子。」子路曰:「有民人焉，有社稷焉，何必讀書，然後為學?」子曰:「是故惡夫佞者。」(《論語．先進》)

11.26 子路、曾點、冉有、公西華侍坐。子曰:「以吾一日長乎爾，毋吾以也。居則曰:『不吾知也!』如或知爾，則何以哉?」子路率爾而對曰:「千乘之國，攝乎大國之間，加之以師旅，因之以饑饉，由也為之，比及三年，可使有勇，且知方也。」夫子哂之。……曰:「夫子何哂由也?」曰:「為國以禮，

其言不讓，是故哂之。」（《論語．先進》）

12.12 子曰：「片言可以折獄者，其由也與？」子路無宿諾。（《論語．顏淵》）

13.1 子路問政。子曰：「先之，勞之。」請益，曰：「無倦。」（《論語．子路》）

13.3 子路曰：「衛君待子而為政，子將奚先？」子曰：「必也正名乎！」子路曰：「有是哉，子之迂也！奚其正？」子曰：「野哉由也！……」（《論語．子路》）

13.28 子路問曰：「何如斯可謂之士矣？」子曰：「切切、偲偲、怡怡如也，可謂士矣。朋友切切、偲偲，兄弟怡怡。」（《論語．子路》）

14.12 子路問成人。子曰：「若臧武仲之知，公綽之不欲，卞莊子之勇，冉求之藝，文之以禮樂，亦可以為成人矣。」曰：「今之成人者何必然？見利思義，見危授命，久要不忘平生之言，亦可以為成人矣。」（《論語．憲問》）

14.16 子路曰：「桓公殺公子糾，召忽死之，管仲不死。」曰「未仁乎？」子曰：「桓公九合諸侯，不以兵車，管仲之力也。如其仁！如其仁！」（《論語．憲問》）

14.22 子路問事君。子曰：「勿欺也，而犯之。」（《論語．憲問》）

14.36 公伯寮訴子路於季孫。子服景伯以告，曰：「夫子固有惑志於公伯寮，吾力猶能肆諸市朝。」子曰：「道之將行也與，命也；道之將廢也與，命也。公伯寮其如命何！」（《論語・憲問》）

14.38 子路宿於石門。晨門曰：「奚自？」子路曰：「自孔氏。」曰：「是知其不可而為之者與？」（《論語・憲問》）

14.42 子路問君子。子曰：「修己以敬。」曰：「如斯而已乎？」曰：「修己以安人。」曰：「如斯而已乎？」曰：「修己以安百姓。修己以安百姓，堯舜其猶病諸。」（《論語・憲問》）

15.2 在陳絕糧，從者病，莫能興。子路慍見曰：「君子亦有窮乎？」子曰：「君子固窮，小人窮斯濫矣。」（《論語・衛靈公》）

15.4 子曰：「由！知德者鮮矣。」（《論語・衛靈公》）

16.1 季氏將伐顓臾。冉有、季路見於孔子曰：「季氏將有事於顓臾。」孔子曰：「求！無乃爾是過與？夫顓臾，昔者先王以為東蒙主，且在邦域之中矣，是社稷之臣也。何以伐為？」冉有曰：「夫子欲之，吾二臣者皆不欲也。」（《論語・季氏》）

17.5 公山弗擾以費畔，召，子欲往。子路不說，曰：「末之也已，何必公山氏之之也？」子曰：「夫召我者而豈徒哉？如有用我者，吾其為東周乎？」（《論語・陽貨》）

17.7 佛肸召，子欲往。子路曰：「昔者由也聞諸夫子曰。親於其身為不善者，君子不入也。佛肸以中牟畔，子之往也，如

之何？」子曰：「然。有是言也。不曰堅乎，磨而不磷；不曰白乎，涅而不緇。吾豈匏瓜也哉？焉能繫而不食？」（《論語．陽貨》）

17.8 子曰：「由也，女聞六言六蔽矣乎？」對曰：「未也。」「居！吾語女。好仁不好學，其蔽也愚；好知不好學，其蔽也蕩；好信不好學，其蔽也賊；好直不好學，其蔽也絞；好勇不好學，其蔽也亂；好剛不好學，其蔽也狂。」（《論語．陽貨》）

17.23 子路曰：「君子尚勇乎？」子曰：「君子義以為上。君子有勇而無義為亂，小人有勇而無義為盜。」

18.6 長沮、桀溺耦而耕，孔子過之，使子路問津焉。長沮曰：「夫執輿者為誰？」子路曰：「為孔丘。」曰：「是魯孔丘與？」曰：「是也。」曰：「是知津矣。」問於桀溺，桀溺曰：「子為誰？」曰：「為仲由。」曰：「是魯孔丘之徒與？」對曰：「然。」曰：「滔滔者天下皆是也，而誰以易之？且而與其從辟人之士也，豈若從辟世之士哉？」耰而不輟。子路行以告，夫子憮然曰：「鳥獸不可與同群，吾非斯人之徒與而誰與？天下有道，丘不與易也。」

18.7 子路從而後，遇丈人，以杖荷蓧。子路問曰：「子見夫子乎？」丈人曰：「四體不勤，五穀不分。孰為夫子？」植其杖而藝，子路拱而立。止子路宿，殺雞為黍而食之，見其二子焉。明日，子路行以告。子曰：「隱者也。」使子路反見之。至則行矣。子路曰：「不仕無義。長幼之節，不可廢也；君臣之義，如之何其廢之？欲潔其身，而亂大倫。君子之仕也，行其義也。道之不行，已知之矣。」

遷移與小試

《說苑》中曾談到子路，「鼓瑟有北鄙之聲」，子路對自己的勇非常自負。有人說，子路之勇只是一腔孤勇，缺少智的引導、禮的節制。有人說，子路敢於向孔子表達自己的觀點，勇於挑戰權威，是真正的勇敢，那麼，你如何看待子路的「勇」呢？

第三節　冉求：多才多藝的實踐者

名著與生活

在生活中，有不少人都有過學習才藝的經歷，並在多年的勤學苦練下掌握了很多才藝。有些人可能鋼琴十級，不論是演奏何種樂曲，都得心應手。有些人可能擅長舞蹈，充滿力量的舞姿，能讓我們體會到人類對生命和自由的追求。

思考與聯想

你知道孔子的哪個弟子最多才多藝嗎？你對這個弟子有哪些了解？他除了多才多藝，還有哪些令人敬佩的優秀特質？

究底與尋根

孔子這個多才多藝的弟子就是冉求[35]，他不僅極具才華，而且品性外柔內剛，做事外圓內方。

一、走進冉求

冉求，字子有，又稱「冉有」，春秋末年魯國人。相傳他是周文王第十子冉季載的後裔。孔門七十二賢之一，多才多藝，擅長處理政事，理政能力強，善於理財，擔任過季氏宰，即季氏的家臣。《孔子家語．七十二弟子解》記載，「冉求，字子有，仲弓之族，有才藝，以政事著名」。從這個記載看他與仲弓是同族，仲弓是誰呢？《史記．仲尼弟子列傳》記載「仲弓父，賤人」，從這個記載來看冉求的出身並不高貴。

冉求很受孔子賞識，他跟隨夫子周遊列國，在魯哀公五年被季康子召回魯國。孔子認為他被召回魯國後一定會得到季氏的重視。果然如孔子預測的那樣，冉求一回到魯國就被季康子委以重任，擔任季氏宰。但是孔子看出了季氏的僭越之心，他不贊同結黨叛亂，因此他總是警告冉求，而事實上身為季氏宰的冉求憑藉著他的政治才能在魯國政治上還是發揮了很大的作用的。

---

[35]　又稱「冉有」。

二、冉求的為政觀

《論語．先進篇》中有一段冉求言己志的對話，孔子首先發問：「以吾一日長乎爾，毋吾以也。居則曰：『不吾知也！』如或知爾，則何以哉？」孔子讓大家暢所欲言。孔子提問後子路搶答，但冉求並沒有回答，於是孔子主動問「求，爾何如？」冉求回答說：「方六七十，如五六十，求也為之，比及三年，可使足民。如其禮樂，以俟君子。」如果讓冉求去治理一個小國，他可以使人民富足。從這段對話中可以看出冉求之志在於邦國，他最大的願望就是人們不挨餓，過上富裕的生活。簡而言之，冉求的為政觀就是「富民」，先富而後教。

孔子對冉求的理政能力是認同的，有孟武伯與孔子的對話為證，孟武伯問冉求怎麼樣，孔子認為「千室之邑，百乘之家，可使為之宰也，不知其仁也」。孔子認為，冉求有做一個地方的主管或一個卿大夫的家宰的能力。

當然，從冉求的回答也能看出他的謙遜，他認為教民知禮節自己還不能勝任，要等待聖賢之人來完成。當曾點對冉求治理國家的理想產生懷疑時，孔子卻直率地反駁，「安見方六七十如五六十而非邦也者？」即使國土面積小，冉求的志向也是治理國家。那麼，有志於治國安邦為何不符合孔子的志向呢？孔子之志又是什麼？為什麼他「與點」，也就是最贊成曾點的想法呢？朱熹在《四書集注》中的解釋為「蓋與聖人之志同，便是堯舜氣象也」。楊樹達《論語疏證》中是這樣解釋的：「孔子與曾點者，以點之言為太平社會之縮影也。」孔子最希望建立的是一個統治者選賢與能、百姓各得其所，並且重「仁」重「禮」的理想社會。

其實，不論是子路的勇毅擔當，抑或冉求的富民理想，甚至是曾點的沂水春風，都是我們的典範。至於孔子最認同曾點，可能與他的人生經歷有關。孔子身處亂世，為推行他的政治理想，十幾年來奔走在蒼茫的中華大地上，卻沒有得到任何一位統治者的賞識，從這個角度出發，曾點描繪的藍圖與理想受挫後的孔子的心境可能更契合。

冉求堅持行「富民」之政，他一生都在踐行著孔子的理想，敢於擔當重任，慷慨無畏，盡心盡力，是儒家思想忠實的信奉者和守護者。

三、冉求之「藝」

冉求沉著冷靜，善用謀略，文武兼備。他常虛心向孔子求教，不斷累積治國理政的經驗，冉求之「藝」主要體現在治國安邦、經濟發展、軍事策略等方面。

(一) 與孔子相合之處

1. 「成人」之「藝」

冉求長於政事，掌管百乘兵馬之家遊刃有餘。此外，冉求性格謙遜，還多才多藝，孔子曾用一個「藝」字來形容他。當子路問「成人」時，孔子說：「若臧武仲之知，公綽之不欲，卞莊子之勇，冉求之藝，文之以禮樂，亦可以為成人矣。」「成人」的標準是在禮樂修養的基礎上擁有臧武仲的智慧、孟公綽的廉潔、卞莊子的勇敢、冉求的才藝。冉求的多才多藝成為孔子處世哲學的必要條件之一，孔子對此給予了充分肯定。

「周之德，其可謂至德也已矣。」（《論語・泰伯》）孔子認為周朝的道德是最高的境界。「周監於二代，鬱鬱乎文哉！吾從周。」（《論語・八佾》）孔子非常認可豐富多彩的周代禮儀，積極出仕，推行仁政，實現儒者的「窮則獨善其身，達則兼濟天下」的政治理想。「修己以安百姓，堯、舜其猶病諸！」（《論語・憲問》）雖然提高自己的修養使百姓安樂連堯、舜都很難完全做到，但他還是義無反顧。孔子在「仁」與「禮」的基礎上肯定冉求的「藝」。

2. 智勇之「藝」

《孔子家語・正論解》記載了冉求作為左師總指揮打敗齊軍之事，冉求第一次出征就展現了傑出的軍事才能，讓季氏刮目相看，當季氏詢問他是從哪裡學到的本事時，冉求堅定地說是從孔子那裡學來的。《左傳・哀公十一年》也有記載，齊軍壓境，孟孫氏、叔孫氏不滿季氏的專政，不出兵相救。但冉求以冷靜和智慧連出三策，一面讓季氏作戰，一面勸孟孫氏、叔孫氏出兵。其膽識和謀略都非常人能比。

(二) 與孔子相悖之點

孔子偏愛冉求，卻不偏袒他。季孫想按照田畝收稅，讓冉求向孔子請教，孔子卻說:「吾不識也。」三發，卒日:「子為國老，待子而行，若之何子之不言也？」仲尼不對，而私於冉求日:「君子之行也，度於禮，施取其厚，事舉其中，斂從其薄。」(《左傳・哀公十一年》) 孔子不斷推脫，是反對季氏任意改變先王制度、僭禮而行的行為，這一行為違背了他「法先王」的觀念。孔子更不希望季氏增加百姓的賦稅，這反映了他「以民為本」的思想。

季氏專權、僭越，「八佾舞於庭，是可忍也，孰不可忍也？」(《論語・八佾》) 季氏用天子享用的八佾在庭院中奏樂舞蹈，僭越禮儀，破壞秩序，讓孔子非常不滿。但季氏僭越違禮的行為愈演愈烈，由舞樂、祭祖、祭山到「禘祭」，不斷升級。

當孔子發現冉求輔佐的季氏不斷搜刮錢財，竟然比周天子的臣子還富裕時，孔子更是氣憤地說，「非吾徒也，小子鳴鼓而攻之，可也。」他不承認冉求是他的學生，讓弟子們可以大張旗鼓地去攻擊他。從這段往事可以看出，孔子不偏不倚，對冉求的情誼也是愛恨交織的，他認為冉求在對待季氏的態度上應該與他一致，「邦有道，不廢；邦無道，免於刑戮」(《論語・公治長》)，在盛世有作為，在亂世保全自己。

季氏將伐顓臾。孔子批評冉求「無乃爾是過與」，認為這是冉求的過錯。對於治國和征戰孔子有獨到的見解，他認為一個君主要是能做到「均無貧，和無寡，安無傾」，何必要征伐呢？

作為季氏家臣的中堅力量，冉求參與了季氏家族內部許多重大的政治決策，推行「用田賦」，幫助季氏改革田賦制度；推行「新稅制」，幫助季氏增加稅收，提升了季氏的實力。季氏在魯國的特殊地位間接地為魯國的政治穩定和發展做出了貢獻，同時他的治國主張也對後世產生了深遠的影響。

四、多面的性格

(一) 含蓄內斂

子路問：「聞斯行諸？」子曰：「有父兄在，如之何其聞斯行之？」冉求問：「聞斯行諸？」子曰：「聞斯行之。」公西華曰：「由也問『聞斯行諸』，子曰『有父兄在』；求也問『聞斯行諸』，子曰『聞斯行諸』。赤也惑，敢問。」子曰：「求也退，故進之；由也兼人，故退之。」（《論語．先進》）當子路和冉求問凡事是否一聽到就行動時，孔子對子路有所制約，對冉求是積極地勸勉，這源於冉求平日做事容易退縮、含蓄內斂的性格。

(二) 樂觀善言

「閔子侍側，誾誾如也；子路，行行如也；冉有、子貢，侃侃如也。子樂。」（《論語．先進》）閔子騫侍立在孔子身邊，樣子正直而恭敬；子路是很剛強的樣子；冉求、子貢的樣子溫和快樂。孔子講學之餘，看到身邊的學生各有所長，心中很高興。這裡提到冉求「侃侃如也」，是說他性情溫和、樂觀善言。

(三) 重情重義

子華使於齊，冉子為其母請粟。子曰：「與之釜。」請益。曰：「與之庾。」冉子與之粟五秉。子曰：「赤之適齊也，乘肥馬，衣輕裘。吾聞之也，君子周急不繼富。」(《論語．雍也》) 子華出使齊國，冉求替子華的母親向孔子請求補助一些小米。孔子認為公西華比較富有，應該救濟窮人。身為朋友，公西華出使在外，冉求便主動承擔起照顧朋友母親的職責。冉求不僅對朋友盡心盡力，對孔子也是真心實意。《孔子家語．曲禮．子貢問》中記載，孔子在聽到伯高死於衛國時，冉求恰巧在衛國，便代孔子準備了一束帛、四匹馬，以孔子的名義去弔喪。可見，冉求是個重情重義的人。

五、與冉求有關的章句

3.6 季氏旅於泰山。子謂冉有曰：「女弗能救與？」對曰：「不能。」子曰：「嗚呼！曾謂泰山，不如林放乎？」(《論語．八佾》)

5.8 孟武伯問：「子路仁乎？」子曰：「不知也。」又問。子曰：「由也，千乘之國，可使治其賦也，不知其仁也。」「求也何如？」子曰：「求也，千室之邑，百乘之家，可使為之宰也，不知其仁也。」「赤也何如？」子曰：「赤也，束帶立於朝，可使與賓客言也，不知其仁也。」(《論語．公冶長》)

6.4 子華使於齊，冉子為其母請粟。子曰：「與之釜。」請

益。曰：「與之庾。」冉子與之粟五秉。子曰：「赤之適齊也，乘肥馬，衣輕裘。吾聞之也：君子周急不繼富。」(《論語・雍也》)

6.8 季康子問：「仲由可使從政也與？」子曰：「由也果，於從政乎何有？」曰：「賜也，可使從政也與？」曰：「賜也達，於從政乎何有？」曰：「求也，可使從政也與？」曰：「求也藝，於從政乎何有？」(《論語・雍也》)

6.12 冉求曰：「非不說子之道，力不足也。」子曰：「力不足者，中道而廢，今女畫。」(《論語・雍也》)

7.15 冉有曰：「夫子為衛君乎？」子貢曰：「諾，吾將問之。」入，曰：「伯夷、叔齊何人也？」曰：「古之賢人也。」曰：「怨乎？」曰：「求仁而得仁，又何怨？」出，曰：「夫子不為也。」(《論語・述而》)

11.13 閔子侍側，誾誾如也；子路，行行如也；冉有、子貢，侃侃如也。子樂。「若由也，不得其死然。」(《論語・先進》)

11.17 季氏富於周公，而求也為之聚斂而附益之。子曰：「非吾徒也，小子鳴鼓而攻之，可也。」(《論語・先進》)

11.22 子路問：「聞斯行諸？」子曰：「有父兄在，如之何其聞斯行之？」冉有問：「聞斯行諸？」子曰：「聞斯行之。」公西華曰：「由也問聞斯行諸，子曰『有父兄在』；求也問聞斯行諸，子曰『聞斯行之』。赤也惑，敢問。」子曰：「求也退，故進之；由也兼人，故退之。」(《論語・先進》)

11.24 季子然問：「仲由、冉求可謂大臣與？」子曰：「吾以子為異之問，曾由與求之問。所謂大臣者：以道事君，不可則止。今由與求也，可謂具臣矣。」曰：「然則從之者與？」子曰：「弒父與君，亦不從也。」（《論語．先進》）

13.9 子適衛，冉有僕。子曰：「庶矣哉！」冉有曰：「既庶矣，又何加焉？」曰：「富之。」曰：「既富矣，又何加焉？」曰：「教之。」（《論語．子路》）

13.14 冉子退朝。子曰：「何晏也？」對曰：「有政。」子曰：「其事也。如有政，雖不吾以，吾其與聞之。」（《論語．子路》）

14.12 子路問成人。子曰：「若臧武仲之知，公綽之不欲，卞莊子之勇，冉求之藝，文之以禮樂，亦可以為成人矣。」曰：「今之成人者何必然？見利思義，見危授命，久要不忘平生之言，亦可以為成人矣。」（《論語．憲問》）

16.1 季氏將伐顓臾（ㄓㄨㄢ ㄩˊ）。冉有、季路見於孔子曰：「季氏將有事於顓臾。」孔子曰：「求，無乃爾是過與？夫顓臾，昔者先王以為東蒙主，且在邦域之中矣。是社稷之臣也，何以伐為？」冉有曰：「夫子欲之，吾二臣者皆不欲也。」孔子曰：「求！周任有言曰：『陳力就列，不能者止。』危而不持，顛而不扶，則將焉用彼相矣？且爾言過矣，虎兕出於柙，龜玉毀於櫝中，是誰之過與？」冉有曰：「今夫顓臾，固而近於費。今不取，後世必為子孫憂。」孔子曰：「求！君子疾夫舍曰欲之，而必為之辭。丘也聞有國有家者，不患寡而患不均，不患貧而患不安。蓋均無貧，和無寡，安無傾。夫如是，故遠人不服，則修文德以來之。既來之，則安之。今由與求也，相夫子，遠人不服而不能來也；邦分崩離析而不能守也；而謀動干戈於邦內。吾恐季孫之憂，不在顓臾，而在蕭牆之內也。」（《論語·季氏》）

遷移與小試

冉求認為禮樂是教化人的東西，是聖人君子的追求，因此他不太在意禮樂方面的修養。冉求對孔子的觀點也不是絕對服從的，他具有改革意識，在經濟方面採取了一系列變革，後世對他褒貶不一，你怎麼看待他的言行？

第四節　子貢：善於辯論與經濟之才

名著與生活

你應該已經學習過了孔子「君子不器」（《論語·為政》）的說法，「器」就是器皿，「器」（見圖 5-10），會意字，四「口」表示眾物的口，「犬」表示守護，以防丟失。「器」本義就是「器具」。段玉裁說「器乃器凡號稱」。不同質地、不同用途的器具都可稱為「器」，如「木器」、「金器」、「陶器」、「食器」、「酒器」、「兵器」等。

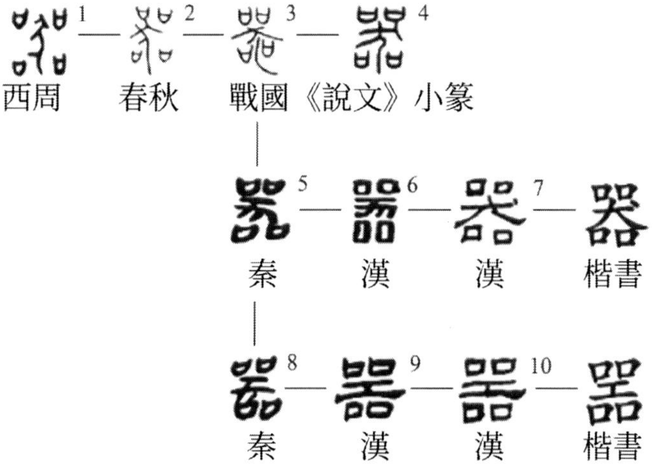

圖 5-10　「器」的演變[36]

孔子認為，君子不應拘泥於手段而不思考其背後的目的，只有這樣的人才能協助君主治理好國家。隨著時間的推移，「君子不器」的含義越來越廣泛，現在多指人不能拘於一技一藝，而應通才達識。你在生活和學習中是否是一個「不器」的人呢？你認為如何才能做到「不器」？

思考與聯想

上面我們說到了孔子認為君子應當「不器」，可是孔子的弟子子貢曾被老師孔子評價為「女器也」（《論語・公冶長》）。子

[36]　李學勤，《字源》。天津：天津古籍出版社，2012：160。

貢追問：「何器也？」孔子說：「瑚璉也。」「瑚璉」是一種宗廟祭祀用的祭器。那麼，孔子為何如此評價學生子貢呢？

究底與尋根

要回答孔子為何評價子貢是「瑚璉」，我們需要先了解子貢其人其才。

端木賜，複姓端木，名賜，字子貢。他是孔子的得意門生之一，來自衛國，比孔子年輕 31 歲。子貢可能出身於比較低下的社會階層，所以《荀子．大略篇》說他「故鄙人也」[37]。但這不妨礙他後來成了孔門十哲之一。

子貢可以說是一個個性十足、聰明伶俐的學生。他以口才著稱，不但能言善辯，而且頗能察言觀色，為其他人所不及。因此一些弟子想對孔子發問而又難於啟齒的，往往讓他去講。例如，《論語．述而》記載冉求想了解孔子是否支持衛出公和他父親蒯聵爭位，卻不敢直接去問。子貢就說：「諾，吾將問之。」他見了孔子，並不提衛出公，卻問：「伯夷、叔齊何人也？」孔子說：「古之賢人也。」他又問：「怨乎？」孔子說：「求仁得仁，又何怨。」這樣，子貢就明白了孔子的態度。因為伯夷的父親想傳位於叔齊，伯夷因此避位，叔齊則因以弟代兄不義而遜讓。孔子既然認為伯夷、叔齊的做法對，當然就不贊成衛出公與父

---

[37]《荀子》。方勇，李波，譯注。2 版。北京：中華書局，2015：459。

親爭位。

在《荀子．子道篇》中也有一段記載可以說明子貢聰明且富有洞察力。據說，古代的喪禮規定：遭父母之喪的人，在服喪期間不能睡床，而魯國的大夫們卻在遭喪十三個月舉行「練祭」後就睡床。仲由對此不理解，去問孔子：「魯大夫練而床，禮邪？」孔子說：「吾不知也。」仲由便認為孔子真的不知道，並以此告訴子貢。子貢便問孔子說：「練而床，禮邪？」孔子說：「非禮也。」子貢出來對仲由說：這不是孔子不知道，而是你問得不對。因為根據禮，住在同一個地方的人是不能非議那裡的大夫的。這個故事就顯出了子貢的機靈和悟性。

子貢有時也不免有好勝之心。據說，他喜歡議論別人的高下。《論語．憲問》中記載：「子貢方人。子曰：『賜也賢乎哉？夫我則不暇。』」這裡的「方」是比方，比較人之短長。子貢平時喜歡臧否人物，較其短長。也有一種解釋，說「方」就是謗，言人之過。大約是孔子察覺到了他頗有些爭強好勝之意，因此對他做出一定的批評：「夫我則不暇。」

此外，據《史記》記載，子貢在曹魯之間經商有道，財富頗豐，可見他有著非常突出的經商之才。但在當時，商人地位低下，孔子對子貢的商業活動持有保留態度，認為他過於追求財富。但子貢在推廣孔子學說方面功不可沒。我們後面會提及。

另外，子貢還有著突出的外交才能，如《史記．仲尼弟子列傳》記載，有一次齊國要伐魯，孔子召集弟子們商議救魯之策，別的弟子請求出使，孔子不許，只有子貢得到准許，他去歷說齊、吳、越、晉四國，使齊國移兵與吳國交戰，齊兵戰敗，魯國得以免禍。他這種遊說的策略已近於戰國的縱橫家。

說到這裡，我們再回看孔子對子貢的評價「瑚璉也」，瑚璉是一種古代祭祀時盛黍稷的器皿，需要用玉裝飾，十分貴重。因此，這其實是孔子對子貢才華的一種肯定之詞，孔子認為子貢是適用於廟堂的人才，堪當國家大任。但是另一方面，孔子說他是「器也」，也指出了子貢存在的一些不足，說明和孔子理想的「君子」還有一定距離。

不過這並不妨礙孔子對子貢的認可，如《論語．子路》中孔子對子貢的評價「行己有恥，使於四方，不辱君命，可謂士矣」。另有《史記．孔子世家》[38] 載，孔子去世前，子貢去看孔子，孔子說：「賜，汝來何其晚也？」孔子還對他講了自己將去世的預感。孔子卒後，子貢守墓六年。可見師徒二人感情之深。後人為紀念此事，在子貢守墓的地點建屋三間，立碑一座，曰「子貢廬墓處」。

---

[38]　司馬遷，《史記》。北京：中華書局，2011：1739。

拓展與延伸

下面讓我們了解一下子貢對發揚孔子學說做出的貢獻。

一、為孔門提供經濟支援與物質幫助

子貢在商業上的成功為他提供了經濟資源，他能夠為孔子及其弟子提供物質幫助。《史記．貨殖列傳》記載，子貢行走於列國，車馬隨從眾多，排場闊綽，各國皆待之以上賓。更有說法稱孔子周遊列國也得到了子貢在財力方面的支援。

二、發揮政治與外交影響力

子貢利用自己的政治影響力，透過遊說各國諸侯，使魯國免受齊國的侵略。《史記．仲尼弟子列傳》記載子貢出使齊、吳、越、晉四國，合縱連橫，利口巧辭，以一己之力，重塑列國勢力格局，化解了這場強弱懸殊的戰爭。

三、大力傳播並弘揚孔子的思想與智慧

子貢非常尊重自己的老師，在與各國諸侯的交往中，他經常提及孔子的教誨，使孔子的名聲和學說得以遠播。

孔子與眾弟子「周遊列國」乃是為了使自己的政治理想得到施展，因此，他們每到一處，往往都會迅速地熟悉該國的政事。對此，子禽不明白，還詢問這是孔子「求」來的，還是別人主動告訴他的。子貢則認為：「夫子溫、良、恭、儉、讓以得之。夫子之求之也，其諸異乎人之求之與？」也就是子貢不否認

是孔子「求之」，但他指出孔子是靠他優良的品德和崇高的威望得到的，是為了推行自己的主張，與別人獲得的方法並不一樣。

《論語．子張》集中記錄了這方面的內容：

叔孫武叔語大夫於朝，日：「子貢賢於仲尼。」子服景伯以告子貢。子貢日：「譬之宮牆，賜之牆也及肩，窺見宮室之好。夫子之牆數仞，不得其門而入，不見宮室之美，百官之富。得其門者或寡矣。夫子之云，不亦宜乎！」

當叔孫武叔認為子貢賢於孔子時，子貢說：「這好比宮牆，我的牆只有肩高，牆外的人能看見裡面房子的精美。夫子的牆有幾丈高，要是找不到門戶進去，就看不見裡面雄偉的宗廟和那麼多富麗堂皇的房屋。能找到門戶的人是很少的。」

叔孫武叔毀仲尼。子貢日：「無以為也，仲尼不可毀也。他人之賢者，丘陵也，猶可逾也；仲尼，日月也，無得而逾焉。人雖欲自絕，其何傷於日月乎？多見其不知量也！」

當叔孫武叔詆毀仲尼時，子貢說：「無須如此啊！因為仲尼是無法詆毀的。其他的賢者好比丘陵，還可超越；而仲尼堪比日月，是無法超越的。一個人雖欲自絕於日月，但對日月又能有何傷害呢？只是顯出他的不自量力而已。」可見子貢對老師孔子的尊敬與推崇。

《史記》中提到子貢「結駟連騎，束帛之幣，以聘享諸侯，所至，國君無不分庭與之抗禮。夫使孔子名布揚於天下者，子貢先後之也」。

四、孔子去世後的維護者

我們前面提及孔子去世後，子貢守墓六年。這不僅是對孔子個人的忠誠和尊敬，也是對孔子學說的堅守和維護。他在商業經營中也堅持經營之「道」，堅持仁德，體現了他對孔子思想的深刻理解和傳承。

透過上述方式，子貢不僅在孔子生前大力支持其學說的傳播，還在孔子去世後繼續維護和弘揚孔子的思想，對儒家學派的形成和發展產生了深遠的影響。他的行動和智慧至今仍然被人們所銘記和尊敬。

下面是與子貢有關的章句：

1.10 子禽問於子貢曰：「夫子至於是邦也，必聞其政，求之與？抑與之與？」子貢曰：「夫子溫、良、恭、儉、讓以得之。夫子之求之也，其諸異乎人之求之與？」（《論語．學而》）

2.13 子貢問君子，子曰：「先行其言，而後從之。」（《論語．為政》）

3.17 子貢欲去告朔之餼羊。子曰：「賜也，爾愛其羊，我愛其禮。」（《論語．八佾》）

5.4 子貢問曰：「賜也何如？」子曰：「女器也。」曰：「何器也？」曰：「瑚璉也。」（《論語．公冶長》）

5.9 子謂子貢曰：「女與回也孰愈？」對曰：「賜也何敢望回？回也聞一以知十，賜也聞一以知二。」子曰：「弗如也！吾與女

弗如也。」（《論語．公冶長》）

5.12 子貢曰：「我不欲人之加諸我也，吾亦欲無加諸人。」子曰：「賜也，非爾所及也。」（《論語．公冶長》）

5.13 子貢曰：「夫子之文章，可得而聞也；夫子之言性與天道，不可得而聞也。」（《論語．公冶長》）

6.8 季康子問：「仲由可使從政也與？」子曰：「由也果，於從政乎何有？」曰：「賜也，可使從政也與？」曰：「賜也達，於從政乎何有？」曰：「求也，可使從政也與？」曰：「求也藝，於從政乎何有？」（《論語．雍也》）

6.30 子貢曰：「如有博施於民而能濟眾，何如？可謂仁乎？」子曰：「何事於仁，必也聖乎！堯舜其猶病諸！夫仁者，己欲立而立人，己欲達而達人。能近取譬，可謂仁之方也已。」（《論語．雍也》）

9.6 太宰問於子貢曰：「夫子聖者與？何其多能也？」子貢曰：「固天縱之將聖，又多能也。」子聞之，曰：「太宰知我乎！吾少也賤，故多能鄙事。君子多乎哉？不多也。」（《論語．子罕》）

9.13 子貢曰：「有美玉於斯，韞櫝而藏諸？求善賈而沽諸？」子曰：「沽之哉！沽之哉！我待賈者也。」（《論語．子罕》）

11.13 閔子侍側，誾誾如也；子路，行行如也；冉有、子貢，侃侃如也。子樂。「若由也，不得其死然。」（《論語．先進》）

11.19 子曰：「回也其庶乎，屢空。賜不受命，而貨殖焉，億則屢中。」（《論語．先進》）

12.7 子貢問政。子曰：「足食。足兵。民信之矣。」子貢曰：「必不得已而去，於斯三者何先？」曰：「去兵。」子貢曰：「必不得已而去，於斯二者何先？」曰：「去食。自古皆有死，民無信不立。」（《論語．顏淵》）

12.8 棘子成曰：「君子質而已矣，何以文為？」子貢曰：「惜乎，夫子之說，君子也。駟不及舌。文猶質也，質猶文也。虎豹之鞟，猶犬羊之鞟。」（《論語．顏淵》）

12.23 子貢問友。子曰：「忠告而善道之，不可則止，無自辱焉。」（《論語．顏淵》）

13.20 子貢問曰：「何如斯可謂之士矣？」子曰：「行己有恥，使於四方，不辱君命，可謂士矣。」曰：「敢問其次。」曰：「宗族稱孝焉，鄉黨稱弟焉。」曰：「敢問其次。」曰：「言必信，行必果，硜硜然小人哉！抑亦可以為次矣。」曰：「今之從政者何如？」子曰：「噫！鬥筲之人，何足算也？」（《論語．子路》）

13.24 子貢問曰：「鄉人皆好之，何如？」子曰：「未可也。」「鄉人皆惡之，何如？」子曰：「未可也。不如鄉人之善者好之，其不善者惡之。」（《論語．子路》）

14.17 子貢曰：「管仲非仁者與？桓公殺公子糾，不能死，又相之。」子曰：「管仲相桓公，霸諸侯，一匡天下，民到於今

受其賜。微管仲，吾其被髮左衽矣。豈若匹夫匹婦之為諒也，自經於溝瀆，而莫之知也？」（《論語．憲問》）

14.28 子曰：「君子道者三，我無能焉：仁者不憂，知者不惑，勇者不懼。」子貢曰：「夫子自道也。」（《論語．憲問》）

14.29 子貢方人。子曰：「賜也賢乎哉？夫我則不暇。」（《論語．憲問》）

15.3 子曰：「賜也，女以予為多學而識之者與？」對曰：「然，非與？」曰：「非也，予一以貫之。」（《論語．衛靈公》）

15.10 子貢問為仁。子曰：「工欲善其事，必先利其器。居是邦也，事其大夫之賢者，友其士之仁者。」（《論語．衛靈公》）

15.24 子貢問曰：「有一言而可以終身行之者乎？」子曰：「其恕乎！己所不欲，勿施於人。」（《論語．衛靈公》）

17.24 子貢曰：「君子亦有惡乎？」子曰：「有惡：惡稱人之惡者，惡居下流而訕上者，惡勇而無禮者，惡果敢而窒者。」曰：「賜也亦有惡乎？」「惡徼以為知者，惡不孫以為勇者，惡訐以為直者。」（《論語．陽貨》）

19.20 子貢曰：「紂之不善，不如是之甚也。是以君子惡居下流，天下之惡皆歸焉。」（《論語．子張》）

19.21 子貢曰：「君子之過也，如日月之食焉：過也，人皆見之；更也，人皆仰之。」（《論語．子張》）

19.22 衛公孫朝問於子貢曰：「仲尼焉學？」子貢曰：「文武之道，未墜於地，在人。賢者識其大者，不賢者識其小者。莫不有文武之道焉。夫子焉不學？而亦何常師之有？」（《論語・子張》）

19.23 叔孫武叔語大夫於朝，曰：「子貢賢於仲尼。」子服景伯以告子貢。子貢曰：「譬之宮牆，賜之牆也及肩，窺見室家之好。夫子之牆數仞，不得其門而入，不見宗廟之美，百官之富。得其門者或寡矣。夫子之云，不亦宜乎！」（《論語・子張》）

19.24 叔孫武叔毀仲尼。子貢曰：「無以為也，仲尼不可毀也。他人之賢者，丘陵也，猶可逾也；仲尼，日月也，無得而逾焉。人雖欲自絕，其何傷於日月乎？多見其不知量也。」（《論語・子張》）

19.25 陳子禽謂子貢曰：「子為恭也，仲尼豈賢於子乎？」子貢曰：「君子一言以為知，一言以為不知，言不可不慎也。夫子之不可及也，猶天之不可階而升也。夫子之得邦家者，所謂立之斯立，道之斯行，綏之斯來，動之斯和。其生也榮，其死也哀，如之何其可及也？」（《論語・子張》）

遷移與小試

現代社會提倡複合型人才，其特點是多才多藝，能夠在很多領域大顯身手。複合型人才包括知識、能力、思維等多方面。當今社會的重大特徵是科技整合、知識融合、技術整合。這一特徵使每個人都要提高自身的綜合素養。你認為這與孔子提倡的「不器」有沒有關連？子貢若生活在今天，是否是一個複合型人才？

第五節　曾子：以信與義為本的傳承者

名著與生活

你在個人成長和事業發展中，如何看待「任重而道遠」這一觀念？它對我們設定未來的目標和規劃有何指導意義？

思考與聯想

在這個快節奏、高壓的時代，我們往往容易迷失在紛繁複雜的事務中，忽視對內心的關照和反思。那麼，你知道我們應該怎麼做嗎？你知道「三省吾身」這個典故嗎？

究底與尋根

一、典故出處

(一) 三省吾身

「三省吾身」這個成語源自《論語．學而》，曾參曾說：「吾日三省吾身：為人謀而不忠乎？與朋友交而不信乎？傳不習乎？」

意思是說，他每天都要自我反省：第一，為別人做事有沒有盡心盡力？第二，與朋友交往有沒有守信用？第三，自己傳授學生的道理有沒有印證練習？此時曾參已經為人師，所以這第三句話，要理解成教給學生的自己有沒有充分實踐。

這三句話有遞進順序，先是談到別人（領導者或長輩），接著談到朋友（平輩），最後談到學生（晚輩）。曾參經常反省，目的是要求在「人與人之間」扮演好自己的每一個角色，這樣才能改善自己，在人生正途（「仁」）上向著至善的目標前進。

（二）大節不奪

「大節不奪」這個典故出自《論語・泰伯》。曾子曰：「可以託六尺之孤，可以寄百里之命，臨大節而不可奪也，君子人與（歟）？君子人也。」「六尺之孤」一般指幼主。「百里之命」指古代的小國。這句話的意思是曾子說：「可以託付未成年的孤兒（把他養育大），可以把百里諸侯國的民眾性命寄託給他（事成後交還政權），面對國家生死存亡挺身而出而不喪失勇氣（伴隨性命之憂）。君子是人嗎（這些事普通人很難做到）？君子是這樣的人（道德高尚的人）！」

這裡說的「君子人」是輔弼明君的忠臣，林則徐「苟利國家生死以，豈因禍福避趨之」（〈赴戍登程口占示家人〉）說的也是這種節義。

二、學習遷移

曾子的重信守義體現在他對待承諾和道義的高度認真和堅定態度上。這種重信守義的精神在曾子的思想中占據了重要地位。他認為誠信是為人處世的基本原則，無論在家庭、朋友還是社會層面，都應堅持以誠信為本。他強調家庭中的忠誠和恭敬、朋友之間的信任和守信，以及社會上的正直和公正。

此外，曾子還注重自修，認為個人應該透過不斷反省和修練來提升自己的品德修養。他相信，只有內心真誠、言行一致的人，才能真正做到重信守義。

三、走進曾子

曾子是個怎樣的人？曾參，魯國人，小孔子四十六歲，是孔子門下一個很有名的學生。他的父親曾點（曾皙）也是孔子的學生。曾點是非常瀟灑的人，而曾參十分老實，父子兩人的個性、才華可以說是完全不同。

關於對曾參的評價，孔子說過，「參也魯」（《論語．先進》），「魯」代表老實、遲鈍，反應比較慢。

不過，曾參是一個勤奮向學的年輕人，他一直都很努力，最後也獲得了傑出的成就。《中庸》裡說：「人一能之己百之，人十能之己千之。果能此道矣，雖愚必明，雖柔必強。」意思是說，別人讀一遍就會了，我讀一百遍；別人讀十遍就會了，我讀一千遍。如果按照這種方法，雖然愚笨，但是到最後都能領悟。

拓展與延伸

《論語》提到曾子言行共 14 次。孔子認為「參也魯」，但他後來成為孔子弟子中傳播儒家思想最為重要的代表人物，可以傳《大學》、作《孝經》，把孔子的思想發揮得很充分，其對整個儒家的發展是非常重要的。

一、慎獨省思

曾參年紀大了，生病了，眼見自己大限將至，就把他的學生召集到家中，說：「看看我的腳，看看我的手！《詩經》上說：『戰戰兢兢啊，好像走在深淵旁邊，好像走在薄冰上面。』直到現在，我才敢說自己可以免於毀傷了。同學們記住啊！」

曾參為什麼講這段話呢？因為古代的刑罰非常嚴酷，經常砍手斷腳，殘損肢體。一方面，曾參讓學生們知道他的手腳都很好，就是說他這一生沒有犯法，沒有受到嚴格的懲罰；另一方面，身體髮膚受之父母，不可損傷，要保護好得於父母的身體，要修養德行，成為一個卓越的人。

二、雖千萬人吾往矣

孟子在提到關於勇敢守義的判斷時就引述了曾參的話。《孟子．公孫丑上》談到了三種勇敢：第一種勇敢是「勇於對抗」，代表人物是北宮黝，「惡聲至，必反之」。第二種勇敢是「勇於自我要求」，代表人物是孟施舍，他善於使用心理戰術。第三種勇敢是真正的勇敢，孟子特別引述了曾參的話：「自反而不縮，雖褐寬博，吾不惴焉；自反而縮，雖千萬人，吾往矣。」

三、重視風義

德能感人之謂風，言行方直之謂義。風、義為孔門所重視，而曾子是孔門中最重視師友風義的人。《禮記．檀弓上》載：子夏喪其子而喪其明。曾子吊之曰：「吾聞之也，朋友喪明則哭之。」曾子哭。子夏亦哭，曰：「天乎！予之無罪也！」曾子怒曰：「商，女（同「汝」）何無罪也？吾與女事夫子於洙泗之間，退而老於西河之上；使西河之民疑女於夫子，爾罪一也；喪爾親，使民未有聞焉（謂子夏喪親，西河之民未聞其有特異之孝行，有如其因喪子而喪明之類），爾罪二也；喪爾子，喪爾明，爾罪三也。而曰女何無罪與（同「歟」）？」子夏投其杖而拜曰：「吾過矣！吾過矣！吾離群而索居，亦已久矣。」

曾子去弔唁子夏，因為子夏失去了視力，這是朋友之間的深厚情誼。但曾子又因為子夏自稱無罪而責備他，這是身為朋友應該做的，要指出對方的錯，幫助他變得更好。子夏其實有三項過錯，但是他自己卻不知道。其中一個原因是他獨自生活，沒有朋友在身邊互相討論、互相幫助；另一個原因是他的名聲已經很大，輩分也很高了，所以很少有人敢直接指出他的錯，他也就不再自我反省。曾子直接指出他的錯，而子夏聽到曾子的話後，立刻扔下手裡的手杖，向曾子行禮，說明他意識到了自己的錯。

曾子不僅與同門情深、對朋友義重，而且他對孔子品德的推崇，尤非他人可比。據孟子的記載，孔子死後，「子夏、子張、子游以有若似聖人，欲以所事孔子事之」，他們去問曾子，曾子曰：「不可！江漢以濯之，秋陽以暴（同「曝」）之，顥顥乎不可尚已！」（《孟子．滕文公上》）。

子夏、子張和子游三人因為非常思念孔子，想要透過有若來重現孔子的精神風貌，以此重溫與孔子相處的時光。他們因為這份深厚的情感，沒有意識到這種做法並不合理，甚至想要說服曾子同意他們的想法。然而，曾子明白尊師的真正意義並不在於此，而在於堅守道義，所以他堅決地拒絕了他們的請求。

曾子認為，如果後世的人都像子夏他們這樣做，就會造成混亂。他曾說：「君子透過文章學問來結交朋友，透過朋友的幫助來培養仁德。」曾子拒絕他們，正是為了維護這種仁德。

這段話告訴我們，雖然對老師的思念和敬仰是深厚的，但應該用正確的方式來表達，不能違背道義。同時，也應該透過學習和交流來結交朋友，提升品德，這才是真正的尊師重道。

四、與曾子有關的文句

1.4 曾子曰：「吾日三省吾身：為人謀而不忠乎？與朋友交而不信乎？傳不習乎？」（《論語．學而》）。

1.9 曾子日：「愼終追遠，民德歸厚矣。」(《論語・學而》)。

4.15 子日：「參乎！吾道一以貫之。」曾子日：「唯。」子出。門人問日：「何謂也？」曾子日：「夫子之道，忠恕而已矣。」(《論語・里仁》)。

8.3 曾子有疾，召門弟子日：「啟予足，啟予手。詩云：『戰戰兢兢，如臨深淵，如履薄冰。』而今而後，吾知免夫。小子。」(《論語・泰伯》)。

8.4 曾子有疾，孟敬子問之。曾子言日：「鳥之將死，其鳴也哀；人之將死，其言也善。君子所貴乎道者三：動容貌，斯遠暴慢矣；正顏色，斯近信矣；出辭氣，斯遠鄙倍矣。籩豆之事，則有司存。」(《論語・泰伯》)。

8.5 曾子日：「以能問於不能，以多問於寡；有若無，實若虛，犯而不校，昔者吾友嘗從事於斯矣。」(《論語・泰伯》)。

8.6 曾子日：「可以託六尺之孤，可以寄百里之命，臨大節而不可奪也，君子人與？君子人也。」(《論語・泰伯》)。

8.7 曾子日：「士不可以不弘毅，任重而道遠。仁以為己任，不亦重乎？死而後已，不亦遠乎？」(《論語・泰伯》)。

12.24 曾子日：「君子以文會友，以友輔仁。」(《論語・顏淵》)。

14.26 曾子日：「君子思不出其位。」(《論語・憲問》)。

19.16 曾子曰：「堂堂乎張也，難與並為仁矣。」（《論語．子張》）。

19.17 曾子曰：「吾聞諸夫子：人未有自致者也，必也親喪乎！」（《論語．子張》）。

19.18 曾子曰：「吾聞諸夫子：孟莊子之孝也，其他可能也；其不改父之臣，與父之政，是難能也。」（《論語．子張》）。

19.19 孟氏使陽膚為士師，問於曾子。曾子曰：「上失其道，民散久矣。如得其情，則哀矜而勿喜。」（《論語．子張》）。

遷移與小試

《韓非子．外儲說左上》記載了曾子殺彘的故事，故事內容大致如下：曾子的妻子去集市時，孩子哭鬧著要跟隨。為了安撫孩子，妻子承諾回家後會殺豬給他吃。然而，當妻子回家後，曾子真的拿起刀要去殺豬。妻子阻止他，認為這只是對孩子的玩笑。但是曾子嚴肅地表示，不能欺騙孩子，因為孩子會模仿父母的行為，如果父母不誠信，孩子也會學會撒謊。最終，曾子殺了豬，履行了對孩子的承諾。你認為《韓非子》中的曾子和《論語》中的曾子是同一個人嗎？

第六章

儒家的家國情懷

本章將探討《論語》中的家國情懷，這是一次心靈的觸動和思想的啟迪。在這裡，我們將探索那些從古至今一直閃耀著智慧光芒的儒家思想，如「仁義禮智信」，這些不僅是古人的教誨，也是我們現代社會的寶貴財富。

我們將挖掘《論語》中的珍貴思想，看看這些思想如何成為我們面對未來挑戰的智慧鑰匙。我們還會一起了解歷史上的名字，如霍去病、諸葛亮，他們的故事和儒家文化有著千絲萬縷的連繫。

我們會發現，「國」和「家」這兩個看似普通的漢字，背後其實蘊藏著深厚的中華民族的精神內涵。

透過學習孔子從政的故事，我們會看到，即使在政治上遇到挫折，孔子依然堅持著自己的理想，他心懷天下，心懷仁愛，用自己深刻的思想和教育理念影響著世界。

孔子的教育思想也非常了不起。他提倡「有教無類」，即讓每個人都有受教育的機會。他的教學注重文、行、忠、信，培養德才兼備的「君子」。孔子還強調了學習的重要性，認為學習是一個持續的過程，應與實踐相結合。

最後，我們可以看到，誠信在孔子的思想中同樣占據重要地位。他認為誠信是個人修養良好和政治清明的基礎。孔子希望以信立人，以信立國，建構一個理想的社會。這對我們當前構建和諧社會有著啟發意義。

在本章中，我們不僅學到知識，更會學到如何成為一個像孔子一樣有責任感、有情懷的人。

第一節　從過去到未來

思考與聯想

說到家國情懷，你能想到哪些歷史人物呢？這些人物的精神是否與儒家思想文化有關？家國情懷是歷代有識之士的精神追求。強烈的憂患意識、積極的入世精神、匡扶天下的濟世情懷，是家國情懷的精髓所在。以民族大義為念，以家國天下為重，把個人追求與社會目標統一起來，把個人命運與國家命運連繫在一起，這種強而有力的訴求成為中華民族的重要精神支柱。霍去病的「匈奴未滅，何以家為」、諸葛亮的「鞠躬盡瘁，死而後已」、范仲淹的「先天下之憂而憂」、顧炎武的「天下興亡，匹夫有責」等，都可以歸於對家國治、天下平的理想追求。這些人正是深受儒家文化薰陶的知識分子。

究底與追根

孔子的《論語》雖然誕生在春秋戰國時代，但它蘊含著博大精深的哲學思想和道德觀念，這些思想不僅在古代適用，在現代和未來世界，其依然能閃閃發光，展現出它的獨特魅力。

讓我們一起挖掘《論語》裡的珍貴思想，看看哪些是可以「穿越時空」到未來社會的。掌握了這些金鑰，我們就能更有智慧地面對未來的挑戰，努力打造一個更加和諧、公正的社會。

一、提倡「仁」的普世價值

《論語．顏淵》中，樊遲問仁，子曰「愛人」，孟子又進一步概括為「仁者愛人」，強調的是一種普遍的人類之愛。在未來社會，這一思想仍然具有重要意義。面對全球化帶來的文化交流與衝突，以及人工智慧、生物科技等領域的飛速發展，人類需要更加尊重生命和關愛他人。「仁」的普世價值能夠引導我們在科技發展的同時，不忘對人類福祉的追求，確保科技的發展服務於人類的共同利益。

二、提倡「禮」的秩序建構

孔子認為「禮」是維護社會秩序的基礎，主張「克己復禮」。在未來社會，隨著經濟全球化和資訊化的深入發展，社會結構和人際關係會變得更加複雜。在這種情況下，「禮」的精神——尊重、禮貌和規範行為——對於建構一個有序和諧的社會顯得尤為重要。透過「禮」的規範，我們可以在保持個體自由的同時，促進社會的穩定與和諧。

三、提倡「學」的終身追求

孔子提出「學而不厭，誨人不倦」，強調了學習和教育的重要性。在未來社會，知識更新的速度會日益加快，終身學習成了適應社會發展的必要條件。這就要求我們不斷學習新知識、掌握新技能，為國家的繁榮和個人的成長貢獻力量。透過學習，我們可以更容易理解世界，更有效地參與到未來社會的建設中。

四、和而不同的文化包容

孔子提出的「君子和而不同」，強調的是在保持個體差異的同時，追求社會的和諧統一。在未來社會，文化多元化和價值觀的多樣性將更加顯著。這一思想教導我們在尊重差異的基礎上尋求共同點，促進不同文化、信仰和價值觀之間相互理解和尊重。這對於建構一個包容開放的未來社會具有重要的指導意義。

總而言之，《論語》中的哲學思想和道德觀念不僅是對過去文化的傳承，更是對未來社會的期許，是中華文化將小家與大國連繫在一起的寶貴的思想基礎。透過仁、禮、學、和而不同等思想的傳承與實踐，我們可以在快速變化的未來社會中找到道德的指引和行動的動力，共同建構一個和諧、有序、充滿活力的未來世界。

拓展與延伸

我們上面講到了「家國情懷」，那麼你了解「國」和「家」兩個字的來歷嗎？

「國」本義指疆域、地域，是「域」的古字，又引申指王、侯的封地，或天子統治的區域、戰國以後主要指國家。到了篆文中，「國」字多了裡面的「一」和外面的「口」（見圖 6-1），「一」表示「土地」，「口」（ㄨㄟˊ）表示「邊境」。看來在幾千年前，古漢字就已經深刻地解釋了構成國家的一些基本要素——邊境、疆域、土地、人口、軍隊等。

甲骨文　金文　大篆　小篆　隸書　草書　楷書

圖 6-1　「國」的演變[39]

「家」是由「宀＋豕」組成的。「宀」，是「房屋」的象形字；「豕」，是「豬」的象形字（見圖 6-2）。故「家」字的本義是：上層住著人、下層養著豬的房屋，就是人生活的地方。

---

[39]　李學勤，《字源》。天津：天津古籍出版社，2012：559。

圖 6-2　「家」的演變 [40]

在商代甲骨文中，「家」中的「豕」大多是畫出豬體的輪廓，有些只畫出豬體的線條。

演變到周代金文時，「豕」將豬的後蹄和豬尾的筆畫連成一筆，東漢隸書中又分成三筆，其書寫更加便利。

在古代，社會生產力低下，打獵捕食的偶然性很大，生活沒有保障。因此人們大多在屋子裡養豬備食，以防饑荒，房子裡有豬就成了家庭的基本象徵。

當後來以是否養豬而不是羊來代表家庭時，就表明當時的中原已經擺脫了以往遊牧的生產、生活方式，進入了農耕社會。

到了現在，「家」已經有了更深層的內涵，不僅是指生活的住所，還可以內化成一種歸屬感。在各個領域取得一定成就的人，也稱為「家」，如書法家、文學家等。

同時，「家」也象徵了很多美好的意象，如「歡聚」、「團圓」。

[40]　同 42：654。

「國」和「家」相互依存、榮辱與共，「家文化」是一個家庭、家族的文化，也是一個國家的文化。

第二節　仁政理想：儒家的領導之道

思考與聯想

我們都知道，孔子提倡「為政以德」、「仁者愛人」，那孔子在平時有沒有貫徹這種理念呢？《論語》中有這麼一段記載：孔子在其馬棚失火時，首先關心是否有人受傷，而不關心馬的傷亡情況。從現代視角來看，這件事看起來似乎並不值得記錄。但是，如果我們能夠回到孔子所處的禮崩樂壞的時代，就能發現這件事確實不同尋常。在春秋時代，馬不僅具有極高的經濟價值，馬車還是貴族身分的象徵。因此，孔子先詢問人的情況而不是馬的情況，表明了在我們的道德考量中，人的生存狀況應占據核心位置，並且應當是道德關懷的首要目標。這正是人文主義立場的一個典型表現，體現了仁者愛人的思想。這種思想不僅體現在孔子的日常生活中，也體現在他的政治理念中。

孔子為了宣傳自己的政治理念，不惜冒著生命危險周遊列國，這與前面我們提到的家國情懷異曲同工。

究底與尋根

在前面的章節裡，我們已經介紹了孔子多方面的思想，那他在政治上有何建樹？政治經歷如何？孔子可以被稱為政治家嗎？

孔子出生在士族家庭，家庭氛圍讓他早早就展現出了與眾不同的氣質。根據《史記．孔子世家》，「孔子為兒嬉戲，常陳俎豆，設禮容。」小孔子玩耍時，不是隨意地追逐打鬧，而是喜歡擺弄祭祀用的器皿，模仿大人們的禮儀動作。

孔子在《論語》裡說自己「十有五而志於學」，即十五歲就立志學習，目標明確。孔子三十歲時已經立下了弘揚聖賢之道的宏偉志願。這也為他後來的從政打下了良好基礎。

孔子在政治方面自信滿滿，他在《論語．子路》裡說：「苟有用我者。期月而已可也，三年有成。」也就是說，如果有人用他來治理國家，他有信心一年就能初見成效，三年就能取得顯著成效。

雖然孔子家裡一開始並不富裕，社會地位也不高，但是他憑藉自己的努力和才智，從季氏的小吏做起，不管是管理倉庫還是牧場，都做得有聲有色。後來，他的才能被魯定公發掘，先是讓他當中都宰，也就是一個地方的長官，沒過多久，他的管理才能就讓各地都開始模仿學習。憑藉出色的表現，孔子一路升遷，從司空升到大司寇。

下面讓我們梳理一下孔子的從政經歷和政治成就。

(1) 擔任中都宰：孔子在 51 歲時被任命為中都宰，負責治理魯國首都，任職一年後，各地紛紛效法，政績顯著。

(2) 擔任大司寇：52 歲時，孔子升任小司空，後升為大司寇，相當於司法部部長，並一度代理宰相職務。

(3) 夾谷之會：在孔子任大司寇期間，齊國大夫黎鉏擔心魯國的孔丘對齊構成威脅，便提議齊景公與魯定公在夾谷友好會晤。魯定公未設防備，準備前往。孔子身為大司寇，建議定公帶司馬以備不測。在會晤中，齊國先是安排了一番外族舞蹈和武裝表演，孔子及時制止，要求停止不合禮節的表演。隨後，齊國又讓藝人和侏儒表演，孔子再次迅速反應，要求依法處理惑亂君心的行為。他說：「閒雜人等敢來迷惑諸侯，論罪當殺！請命令主事官員去執行！」於是主事官員依法將他們處以腰斬。齊景公感到非常羞愧和恐慌，有司進對他說：「君子有了過錯，就用實際行動來向人家道歉認錯；小人有了過錯，就用花言巧語來謝罪。您如果痛心，就用具體行動來道歉吧。」於是齊景公歸還了之前占領的魯國土地，以此向魯國表示歉意和悔改。

(4) 隳三都：西元前 497 年夏，孔子為加強中央集權，策劃並實施了「隳三都」政策，即拆毀三位卿大夫封地上不合禮制的城牆。孔子建議魯定公限制貴族私藏武器和築城，隨後指示仲由（子路）著手拆除季孫氏、孟孫氏、叔孫氏三大家族封地的城牆。叔孫氏率先拆了郈邑城牆，季孫氏也準備拆費邑城牆。但公山不狃和叔孫輒率費邑人反抗，攻擊魯定公和三家的避難所。孔子指揮申句須、樂頎反擊，費邑人敗逃，最終在姑蔑被徹底擊敗，公山不狃和叔孫輒逃亡至齊國，費邑城牆終被拆除。

(5) 代理國相：魯定公十四年 (西元前 496 年)，孔子五十六歲，他由大司寇代理國相職務。他的弟子說：「聽說君子大禍臨頭不恐懼，大福到來也不喜形於色。」孔子說：「是有這種說法，但不是還有一句『樂在身居高位而禮賢下士』的話嗎？」後來，孔子把擾亂國政的大夫少正卯殺了。孔子參與國政三個月，販賣豬、羊的商人就不敢漫天要價了；男女行人都分開走路；掉在路上的東西也沒人撿走據為己有；各地的旅客來到魯國的城邑，不用向官員們求情送禮，都能得到照顧，好像回到了自己家中一樣。

孔子一直堅信「為政以德」的理念。就像他在《論語》裡說的：「為政以德，譬如北辰，居其所而眾星共之。」這句話的意思就是，如果領導者有德行，那麼人民自然而然就會跟隨他，就像星星繞著北極星一樣。也就是強調為政者自身的德行，為政者有德，百姓自然跟從。

孔子還有很多優秀理念，如「仁者愛人」、「取信於民」、「正名」等，他認為管理國家和管理人際關係其實是相輔相成的。雖然孔子的這些主張是在千年前所提出的，但是它們對我們現在和將來的政府管理都有著啟發和影響。

拓展與延伸

從孔子的從政經歷中，我們能看出他政治理想遠大、政治能力非凡，那麼孔子為何退出了從政？

孔子退出政壇的原因是多方面的，我們一起分析一下。

在主觀方面，孔子所處的政治環境不盡如人意且不斷惡化，而且孔子的政治理想與當時的政治環境存在較大差距。孔子處於諸侯爭霸、禮崩樂壞的時代，而他的主張顯得不合時宜，導致他在政治上成為一個完美主義者，難以在現實中實現其理想。

孔子在魯國實施了一系列政治改革，包括「墮三都」等措施，旨在削弱貴族的權力，加強中央集權。然而，這些改革遭到了貴族的強烈反對，最終都以失敗告終。

此外，孔子在魯國的政治活動中與當權者產生了矛盾，如他與季桓子等人的關係緊張，加之小人的詆毀，孔子在魯國的政治地位有所動搖。

在客觀方面，齊國為了遏制魯國的發展，採取了一系列手段，如送給魯國君臣歌舞女子以分散其注意力，導致魯國君臣開始沉迷於享樂，忽視政事，孔子對此深感失望。

另外，社會的動盪使孔子在政治活動中也有安全風險，如在宋國遭遇桓魋的威脅，這些經歷也促使他重新考慮自己的從政之路。

因此，孔子的個人政治理想發生了轉變。在經歷了一系列的政治挫折後，孔子逐漸意識到自己在現實政治上的努力可能無法繼續推動社會的發展與進步，從而開始轉向教育和文化傳承工作。

孔子晚年將更多的精力投入文化傳承和教育工作，他認為自己有文化傳承的使命，於是他整理六經，致力於教育弟子，傳播自己的思想。

我們可以看出，孔子不再從政的原因非常複雜，涉及他的理想、政治氛圍、社會變化和他自己的內心選擇等。雖然孔子沒能在政治舞臺上大展拳腳，但是這並不妨礙他成為一位優秀的政治思想家。他那些關於治理國家的思想就像一顆顆種子，種在了歷史長河裡，影響了一代又一代的人。

孔子的從政經歷告訴我們，有時候，最偉大的影響來自那些選擇用思想而非權力改變世界的人。

第三節　教化立國：教育與文明的關連

名著與生活

孔子是一個將畢生精力都貢獻給教育事業的人，《論語》生動地體現了孔子的教育思想。孔子意在培養健全的人格並以身作則，適應學生的差異性，引導學生學、思並進，並且著重於生活的實踐，從禮、樂兩方面輔弼，以陶冶性情，引導每一個人都過一種理想的生活，進而透過教育興國，讓社會變得更加美好和諧。

思考與聯想

孔子提出的「有教無類」理念在當今社會如何體現？我們如何確保教育的公平性和普及性，讓每人都能享有受教育的機會？

孔子注重情感、理性和意志的培養，這在學生的成長過程中有何重要性？如何在教育過程中關注學生的情感體驗、理性覺知和堅定的意志？

一、有教無類

在孔子之前，一般平民根本沒有受教育的權利，只有公卿大夫的子弟才有資格接受教育。在官學衰廢、私學興起的時候，孔子從其「性相近也，習相遠也」（《論語．陽貨》）的理念出發，首倡「有教無類」（《論語．衛靈公》）的教育思想，具有重要的進步意義。何謂「有教無類」？其有很多注解。馬融注曰：「言人所在見教，無有種類。」皇侃注曰：「人乃有貴賤，同宜資教，不可以其種類庶鄙而不教之也；教之則善，本無類也。」朱熹說：「人性皆善，而其類有善惡之殊者，氣習之染也。故君子有教，則人皆可以復於善，而不當復論其類之惡矣。」（《論語集注卷八·衛靈公第十五》）楊伯峻在《論語譯注》中作了較為通俗的解釋：「人人我都教育，沒有（貧富、地域等）區別。」孔子自己則說：「人潔己以進，與其潔也，不保其往也。」（《論語·述而》）所以他才會有弟子三千，賢人七十二。其中既有華夏人，也有華夷人；既有貴族，也有平民；既有鄉閭童子，也有村野鄙夫。孔子對學生「自行束脩以上，吾未嘗無誨焉」（《論語·述而》）、「欲來者不距，欲去者不止」（《荀子·法行》），必然就會出現「夫子之門何其雜也」（《荀子·法行》）的局面。孔子「有教無類」的思想順應了當時文化下移的發展趨勢，破除了公卿大夫對教育的獨占局面，擴展了教育對象，打破了「學在官府」的壟斷，為春秋戰國時期的學術繁榮和百家爭鳴創造了條件。

二、文、行、忠、信

孔子將「文行忠信」作為其教學大綱；將禮、樂、射、御、書、數六藝作為其教育科目；「孔子以詩書禮樂教」（《史記·孔子世家》），再加上《易》和《春秋》組成六書作為其教材。

「子以四教：文，行，忠，信。」（《論語·述而》）。何謂文、行、忠、信，清代學者劉寶楠解釋：「文，謂詩、書、禮、樂，凡博學、審問、慎思、明辨，皆文之教也；行，謂弓行之；中心盡心曰忠；恆有諸己曰信。人必忠信而後可致知力行。故曰忠信之人可以學禮，此四者，皆教成人之法，與教弟子先行後學文不同。」（劉寶楠《論語正義》）楊伯峻譯為文，歷代文獻；行，社會生活的實踐；忠，對待別人的忠心；信，與人交際的信實。文化知識、實踐活動、忠誠仁愛、恪守信用是也。

禮、樂、射、御、書、數六藝被周王朝和各諸侯定為貴族學校的必修科目，後來成為孔子興辦私學的六門課程，他不僅重視知識的傳授，更重能力的培養。

三、君子人格

孔子崇尚「君子人格」，認為君子具有仁義至上的價值取向，他說：「夫仁者，己欲立而立人，己欲達而達人」（《論語‧雍也》），「無求生以害仁，有殺身以成仁」（《論語‧衛靈公》）。他還說：「君子喻於義，小人喻於利」（《論語‧里仁》），「不義而富且貴，於我如浮雲」（《論語‧述而》）。在道德自律方面，君子與小人的分野之一是：「君子求諸己，小人求諸人」（《論語‧衛靈公》），「君子成人之美，不成人之惡。小人反是」（《論語‧顏淵》）。君子應該是道德力量、智慧力量、素養力量的統一，「君子道者三，我無能焉：仁者不憂，知者不惑，勇者不懼。」（《論語‧憲問》）

從另一個方面孔子又說「君子不器」（《論語‧為政》），君子不能只是做一個器皿，而應該是精通學理、人情練達、深知世故的濟世之才和治國安民的賢能之士。著名哲學教授指出：「在教育上，『道』代表以德行為中心的健全人格的塑造，是教育的目標和理想，這是孔子開創的儒家教育的實踐所始終強調的。中國古代的教育，始終強調學習『做人』。」

究底與尋根

「教」甲骨文從攴從子從爻，爻也是聲符。攴像教鞭，教師會手執教鞭，擺弄籌策，教導孩子計數或算卦。「教」本義是教導。古教、學、斆三字兼表施教與受學兩重意義，《尚書 · 說命》:「斆學半。」斆即教字，表示教導是學習的一半，猶今言教學相長。

金文從攴從學，學既是教的聲符，又是意符。戰國竹簡或不從子而從言，是言教之教的專字（見圖 6-4）。

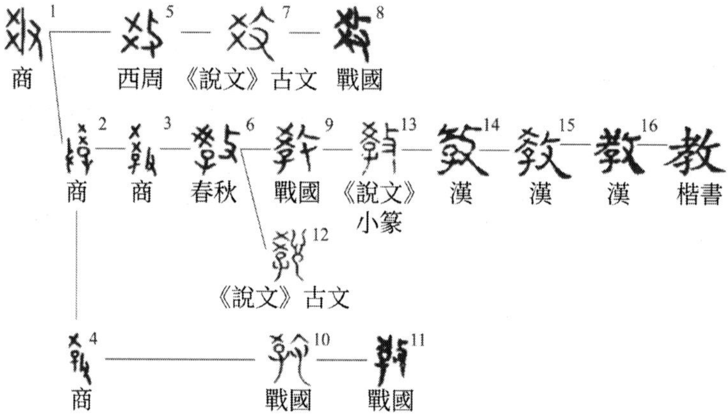

圖 6-4　「教」的演變 [41]

[41]　李學勤，《字源》。天津：天津古籍出版社，2012：264。

一、束脩

子曰：「自行束脩以上，吾未嘗無誨焉。」（《論語．述而》）束脩為束脯之義，俗稱十條乾肉，是拜見老師的禮物。

束脩是拜師的見面禮，不是學費。孔子收徒不問出身，只問有沒有見面禮。

二、冠者五六人，童子六七人

在《論語．先進》「侍坐章」中，弟子陪侍長者先坐，孔子讓弟子各言其志，曾點云：「莫春者，春服既成。冠者五六人，童子六七人，浴乎沂，風乎舞雩，詠而歸。」曾點的話引起了孔子的共鳴，孔子立刻回應：「吾與點也！」

皇侃《論語義疏》記載：「或云：冠者五六，五六三十人也；童子六七，六七四十二人也。四十二就三十，合為七十二人也，孔門升堂者七十二人也。」著名詩人陶淵明曾經寫過一首〈讀史述．七十二弟子〉，開篇就說：「恂恂舞雩，莫曰匪賢。」顯然用的就是「侍坐章」的典故。說明「好讀書，不求甚解」的五柳先生很可能也將「冠者五六人，童子六七人」理解為孔門七十二賢人了。

在金庸先生的《射鵰英雄傳》中，黃蓉戲問段王爺手下的書生：孔子弟子七十二人中，有老有少，可知其中冠者幾人，少年幾人？書生答不上來，稱此事經傳不載。然後黃蓉就引據「冠者五六人，童子六七人」，稱五六三十，可知冠者有三十人；

六七四十二，可知童子四十二人。兩者相加，不多不少正是七十二弟子。

遷移與小試

孔子強調「學而不厭，誨人不倦」(《論語・述而》)，認為學習是一個持續不斷的過程，一個人無論年齡、身分、地位如何，都應該保持對知識的渴望和追求。

孔子提倡因材施教，這意味著每個人的學習路徑和方法都應該是獨特的。我們應該根據自己的興趣、特長和需求，制定適合自己的學習計畫，選擇適合自己的學習方式和資源。同時要注重學習的系統性和連貫性，確保所學知識能夠相互連結、相互促進。

孔子認為「學而時習之，不亦說乎」(《論語・學而》)，強調學習與實踐相結合的重要性。我們應該將所學知識運用到實際生活中，透過實踐來檢驗和鞏固。同時，要關注社會發展的新動態和新需求，不斷調整和優化自己的學習內容和方向。

孔子強調「三人行，必有我師」(《論語・述而》)，認為每個人身上都有值得學習的地方。

結合上述思想，你認為你在平時的生活學習中應當怎麼做？

第四節　以信立國：無形契約的力量

名著與生活

「信」是《論語》傳達的重要思想之一。孔子說：「人而無信，不知其可也。大車無輗，小車無軏，其何以行之哉？」（《論語・為政》）「信」對於個人來說雖然不是最重要的道德品格，但它在人的言語、行為中發揮著重要的作用。誠信是人安身立命的關鍵，人無信則無以立、無以行。

進而推之，「信」是政治的基礎和從政的需求。也就是說，從政者最重要的是獲取民眾的信任與支持、擁護，它將決定國家政權的興亡。

孔子希望以信立人，進而以信立國，建構一分無形的契約，實現他心中的理想社會。

思考與聯想

在《論語》中，孔子是如何闡述誠信在個人修養中的重要性的？這種誠信觀念在現代社會中是否同樣具有實際意義？

誠信與仁愛、禮義等其他儒家思想有何關連？在《論語》中，這些思想是如何相互補充、共同構成儒家道德體系的？

一、敏於事而慎於言

孔子認為，一個人只有以誠信為本才能有所進步與發展，他說「君子食無求飽，居無求安，敏於事而慎於言」(《論語・學而》)，又說「君子欲訥於言，而敏於行」(《論語・里仁》)，告誡人們為人做事要勤奮敏捷，也要小心謹慎。孔子為什麼要強調「慎於言」呢？這也是出於對誠信的考慮。孔子認為一個人說過的話和承諾的事必須按時按期完成，這是做人的一個基本準則。因此，對於沒有把握完成的事，在孔子看來萬萬不能輕言承諾。對此，宋代思想家朱熹在點評孔子的誠信思想時說：「敏於事者，勉其所不足。慎於言者，不敢盡其所有餘也。」(《論語集注》) 又專門敘述為「事難行，故要敏；言易出，故要謹」(《朱子語類》卷第二十二)，從因由層面說明了誠信在個人發展過程中所具有的重要意義。

二、與朋友交，言而有信

孔子認為，一個人在人際交往時信守諾言、處世實在，是一種美德，他說「與朋友交言而有信」(《論語・學而》)、「始吾於人也，聽其言而信其行；今吾於人也，聽其言而觀其行」(《論語・公冶長》)。他認為，在與朋友相處時，彼此要以真實的言語和感情進行交往，知心坦誠、肝膽相照，不要存在任何涉及欺騙、詭詐、自私的成分；在對待朋友時，一定要講究真實與坦誠，受人之託、忠人之事必須盡力辦到，若實在無法辦到，就要及時向朋友說明和解釋緣由；朋友之間不能只講義氣而失去正氣，要聽其言也要觀其行，以實際作為來評判一個人的性格。孔子特別反對與人交往時採取投機取巧、弄虛作假、趨炎附勢、口是心非的做法，非常珍視誠信的重要作用。

孔子認為，人在人際交往時還要做到「君子坦蕩蕩，小人長戚戚」（《論語．述而》）。意思是說，君子通曉天下事理，講究誠信規則，故待人接物處世就如同在平坦大道上行走，安然而舒泰；小人心思重而常為物質小利所拖累，故狡詐突變、患得患失，常含戚戚之心。對此，宋代程頤曾評論說孔子的思想是：「君子循理，故常舒泰；小人役於物，故多憂戚。」（《論語集注》）正所謂「君子……有終身之樂，無一日之憂……小人……有終身之憂，無一日之樂」（《荀子．子道》），而「憂」與「樂」最大的區別在於人際交往過程中是否遵循誠信的道德原則。

三、敬事而信

孔子說：「道千乘之國，敬事而信，節用而愛人，使民以時。」（《論語．學而》）他認為諸侯國的治理者對政事應嚴肅認真、嚴守信用。當子貢問如何治理國家時，孔子提出了三大要事：「足食。足兵。民信之矣。」（《論語．顏淵》）當子貢一再追問三者中哪個可以「必不得已而去者」時，孔子將「民之信」留到了最後，因為「自古皆有死，民無信不立」（《論語．顏淵》）。所以，子夏指出，君子從政時首先應當設法獲信於民與君，應當「信而後勞其民」、「信而後諫」（《論語．子張》），這是取得政績的前提條件；反之，對百姓而言，「未信則以為厲己也」（《論語・子張》)；對君王而言，「未信則以為謗己也」(《論語・子張》)。

究底與尋根

「信」秦漢文字從人、言，或仁、言，會人言可信之意，人(仁)亦聲。「信」字是戰國時代使用頻率極高的一個字，但地域差別很大，六國文字各有特點。「信」字在戰國時代大量用於人名、封君名，還作為吉語銘刻在印章中，可以看出在那個說客遍地、詐偽横行的時代，人們內心對誠信的渴望。「信」本是一個形聲字，「信」字的演變如圖6-5所示，從「千」聲，或從「身」聲。秦文字從「人」或「仁」聲，可能蘊含著對人言誠信的期望。所謂人言為信，不是說人言必誠信，更不是人言必可信，而是期望人言誠信，期望可信人言。

一、立木為信

戰國時，商鞅輔佐秦國，下定決心改革政治以充實國力。「令既具，未布，恐民之不信」，於是商鞅就想了個辦法，在都城的正門前放了一根粗原木，上邊貼了一張告示：「將此原木搬至北門者，賞黃金十兩。」圍觀的人不相信有這樣的好事，誰也不肯去搬。商鞅將黃金增至五十兩。這時，一個男子半信半疑地將木頭搬到了北門，他馬上得到了意想不到的五十兩黃金。圍觀的人後悔不已。從此以後，商鞅很快得到了人們的信任，其變法得以順利推行。在這裡，商鞅看到了「民之信」對於變法的極端重要性，因而採取策略獲得了這寶貴的「民之信」。新法「行之十年，秦民大悅，道不拾遺，山無盜賊，家給人足」，取得了巨大成功。

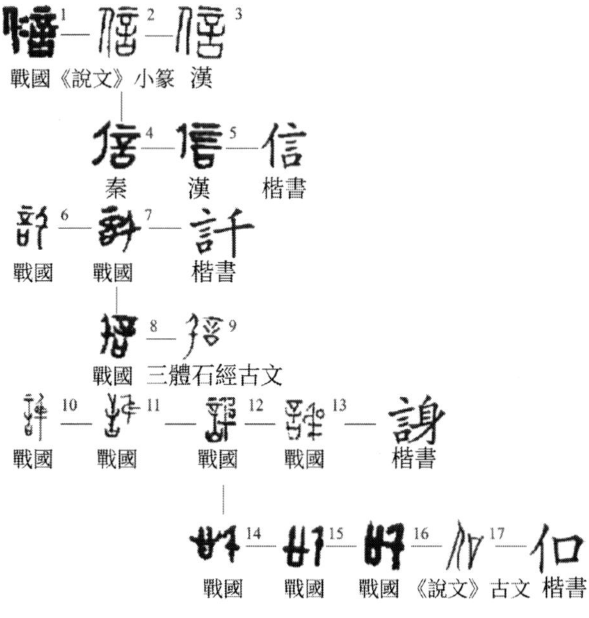

圖 6-5　「信」的演變 [42]

二、季布一諾千金

秦朝末年，在楚地有一個叫季布的人，他性情耿直，為人俠義好助。只要是他答應過的事情，無論有多大困難，就一定

[42]　李學勤，《字源》。天津：天津古籍出版社，2012：175。

要辦到，從未失信於人，他也因此受到大家的讚揚。

楚漢相爭時，季布是項羽的部下，曾幾次獻策，使劉邦的軍隊吃了敗仗，劉邦當了皇帝後氣恨不已，下令通緝季布。這時，敬慕季布的人都在暗中幫助他。不久，季布化裝後到山東一家姓朱的人家當傭工。朱家明知他是季布，仍收留了他。後來，朱家又到洛陽去找劉邦的老朋友汝陰侯夏侯嬰說情。劉邦在夏侯嬰的勸說下撤銷了對季布的通緝令，還封季布做了郎中，不久又改做河東太守。

季布有一個同鄉人叫曹丘，擅長辭令，能言善辯，多次借重權勢獲得錢財。季布一貫看不起他。聽說季布又做了大官，他就馬上去見季布。

季布聽說曹丘要來，就板著臉，準備發落幾句話，讓他下不了臺。誰知曹丘一進廳堂，不管季布的臉色多麼陰沉、話語多麼難聽，他都對著季布又是打躬，又是作揖，並說道：「楚人有句諺語說：『得到黃金百斤，比不上得到季布的一句諾言。』再說我是楚地人，您也是楚地人。由於我到處宣揚，您的名字天下人都知道，難道我對您的作用還不重要嗎？您為什麼要這樣堅決地拒絕我呢！」

季布聽了曹丘的這番話，心裡頓時高興起來，留他住了幾個月，當作貴客招待。曹丘臨行前季布還送給他一份厚禮。後來，曹丘又繼續替季布到處宣揚，季布的名聲也就越來越大了。

遷移與小試

誠信就像一盞明燈，照亮我們前行的道路。我們要誠實守信，不抄襲、不作弊，用自己的真實努力去贏得每一次的進步；我們要言出必行，信守承諾，讓身邊的人感受到我們的可靠與擔當。

讓我們將「以信立國」的智慧遷移到我們的人生之路上。如果我們每個人都能夠誠實守信，那麼我們的社會將會變得更加和諧美好。

我們能否來小試一下？在接下來的一個月裡，可以設立一個「誠信挑戰」，每個人都要努力做到誠實守信，不撒謊、不欺騙。同時，也可以互相監督，鼓勵彼此在誠信的道路上越走越遠。

參考文獻

[1] 許慎。說文解字 [M]。北京：中華書局，2013。

[2] 老子。道德經 [M]。張景，張松輝，譯注。北京：中華書局，2016。

[3] 錢穆。論語新解 [M]。武漢：長江文藝出版社，2020。

[4] 錢穆。孔子傳 [M]。北京：生活。讀書。新知三聯書店，2012。

[5] 錢穆。勸讀論語和論語讀法 [M]。北京：商務印書館，2014。

[6] 錢穆。孔子與論語 [M]。北京：九州出版社，2011。

[7] 陳鼓應。老子今注今譯 [M]。北京：中華書局，2020。

[8] 楊伯峻。論語譯注 [M]。北京：中華書局，2009。

[9] 楊伯峻。孟子譯注 [M]。北京：中華書局，2005。

[10] 荀子 [M]。方勇，李波，譯注。北京：中華書局，2015。

[11] 司馬遷。史記 [M]。北京：中華書局，2011。

[12] 施耐庵，羅貫中。水滸傳 [M]。北京：人民文學出版社，1997。

[13] 李學勤。字源 [M]。天津：天津古籍出版社，2012。

[14] 康得。判斷力批判 [M]。北京：商務印書館，1985。

[15]《辭海》編輯委員會。辭海 [M]。6 版。上海：上海辭書出版社，2009。

[16] 中國大百科全書總編委會。中國大百科全書 [M]。2 版。北京：中國大百科全書出版社，2009。

[17] 李零。喪家狗 [M]。太原：山西人民出版社，2007。

[18] 李零。去聖乃得真孔子 [M]。北京：生活。讀書。新知三聯書店，2014。

[19] 陳來。孔子。孟子。荀子 [M]。北京：生活。讀書。新知三聯書店，2018。

[20] 陳來。孔夫子與現代世界 [M]。北京：北京大學出版社，2011。

[21] 陳來，甘陽。孔子與當代中國 [M]。北京：生活。讀書。新知三聯書店，2008。

[22] 蔣紹愚。論語研讀 [M]。上海：中西書局，2018。

[23] 子安宣邦。孔子的學問 [M]。吳燕，譯。北京：生活。讀書。新知三聯書店，2017。

[24] 徐剛。孔子之道與《論語》其書 [M]。北京：北京大學出版社，2008。

[25] 盧文麗。孔子君子觀對大學博雅教育的啟示 [J]。揚州大學學報 (高教研究版)，2023，27（5）：28-37。

[26] 管宗昌。論孔子對管仲評價的一致性：兼及孔子仁學理論的多元性 [J]。北方論叢，2018（3）：65-69。

國家圖書館出版品預行編目資料

讀懂《論語》，別止於翻譯！詩書禮樂 × 中庸之道 × 以仁為本……從儒家古訓到現代思維，一部經典如何變成你的人生工具書 / 何歆，趙月，李增明 著 . -- 第一版 . -- 臺北市 : 崧燁文化事業有限公司 , 2025.09
面； 公分
POD 版
ISBN 978-626-416-747-5(平裝)
1.CST: 論語 2.CST: 注釋
121.222 114012309

電子書購買　爽讀 APP

讀懂《論語》，別止於翻譯！詩書禮樂 × 中庸之道 × 以仁為本……從儒家古訓到現代思維，一部經典如何變成你的人生工具書

臉書

作　　者：何歆，趙月，李增明
發 行 人：黃振庭
出 版 者：崧燁文化事業有限公司
發 行 者：崧燁文化事業有限公司
E-mail：sonbookservice@gmail.com
粉 絲 頁：https://www.facebook.com/sonbookss/
網　　址：https://sonbook.net/
地　　址：台北市中正區重慶南路一段 61 號 8 樓
8F., No.61, Sec. 1, Chongqing S. Rd., Zhongzheng Dist., Taipei City 100, Taiwan
電　　話：(02) 2370-3310　傳　　真：(02) 2388-1990
印　　刷：京峯數位服務有限公司
律師顧問：廣華律師事務所 張珮琦律師

定　　價：375 元
發行日期：2025 年 09 月第一版
◎本書以 POD 印製